ESQUELETOS NO ARMÁRIO

Memórias do Filho de um Pastor.

2º. Edição.

- ✓ Revisado.
- ✓ Corrigido.
- ✓ Melhorado.
- ✓ Expandido.
- ✓ Renovado.

Alias Martín García

While every precaution has been taken in the preparation of this book, the publisher assumes no responsibility for errors or omissions, or for damages resulting from the use of the information contained herein.

ESQUELETOS NO ARMÁRIO - MEMÓRIAS DO FILHO DE UM PASTOR.- 2º. EDIÇÃO. DOMINGO GONZÁLEZ JR.

First edition. November 4, 2023.

Copyright © 2023 Domingo Gonzalez.

ISBN: 979-8223703976

Written by Domingo Gonzalez.

Also by Domingo Gonzalez

Una Gloria Diferente
A Different Kind of Glory
Un Tipo de Gloria Diferente - Domingo Gonzalez Jr.
Mi Travesía Descubriendo el Evangelio Verdadero - 2da Edición
Esqueletos no Armário - Memórias do Filho de um Pastor.- 2º. Edição.
Domingo González Jr.
Minha Jornada Descobrindo o Verdadeiro Evangelho - 2º. Edição. -
Domingo Gonzalez Jr.
My Journey Discovering The True Gospel - 2nd Edition - Domingo
González Jr.
Um Tipo Diferente de Glória - Domingo González Jr.

Esqueletos no armário: memórias do filho de um pastor.

2º. Edição.

Revisado.
Corrigido.
Melhorado.

Expandido.
Renovado.

Design de capa criado a partir de imagens geradas por:
https://stablediffusionweb.com e vários recursos gratuitos da web.
ALIAS MARTÍN GARCÍA
2023

DEDICAÇÃO

Dedico este livro aos líderes e pastores, aos filhos dos pastores de todo o mundo e aos meus 5 irmãos por quem oro todos os dias para serem salvos.

CONTENTE

INTRODUÇÃO

Os filhos de pastores e líderes muitas vezes têm que amadurecer mais rápido do que o resto das pessoas na igreja porque o ambiente em que nos desenvolvemos é mais maduro, mesmo que nossos pais queiram cuidar dessas coisas para nós, muitos de nós desde cedo muito jovem tem medo.Você tem que fazer parte de situações e ouvir diariamente conversas que um cristão comum acharia difícil de digerir.

Em alguns casos essas experiências fazem com que alguns filhos de pastores abandonem o caminho do evangelho, outros ficam muito frios e apenas aprendem os caminhos e meios e estão no evangelho, mas o evangelho não está neles.

Ao tomar a decisão de escrever estas memórias ou este resumo das minhas memórias, as perguntas nunca cessam: é para evitar ter que pagar um psicólogo? Que ensinamento ou como este livro pode ser uma bênção para quem o lê?

Enquanto eu escrevia o primeiro manuscrito, as respostas a essas perguntas foram se respondendo sozinhas e espero que você possa perceber isso facilmente. Em todo caso, em cada capítulo não paro de repetir os motivos pelos quais decidi escrever este livro, para que minhas motivações e intenções não sejam mal interpretadas.

Gostaria que você tivesse em mente antes de começar a ler este livro que existe pelo menos mais um livro no mercado que trata do tema filhos de pastores, escrito por Barnabas Piper, filho do pastor John Pipper e pensei que fosse Super fofo.

Não acho razoável escrever outro livro tratando das mesmas coisas. Se você quiser ler algo legal, recomendo esse livro. A verdade é que o que descrevo neste livro não é de todo legal, mas pode ser uma grande bênção se você olhar corretamente.

Um vídeo de um acidente de carro pode parecer simplesmente horrível, mas um bom observador pode aprender muito com o acidente para que isso não aconteça com ele.

Acredito que este livro ou estas memórias podem ajudar pastores e líderes a reconsiderar como escolher a liderança e como ensinar e ajudar aqueles que pretendem nomear como líderes. Principalmente para ver um pouco além dos talentos. Lembro-me de algo que testemunhei muito de perto, onde uma pessoa que roubava carros foi convertida e alguns meses depois foi nomeada pastor porque tinha certos dons, mas esse homem ainda continuou roubando carros. E os pastores gabam-se aos outros "do que Deus fez" que com apenas seis meses um ex-ladrão já é pastor. Moisés passou 40 anos sendo processado. Por que temos que perseguir essa loucura do "microondas"?

Acho que este livro também poderia ajudar os membros da igreja a não cometerem os mesmos erros cometidos pelos membros da igreja nos capítulos finais, que contribuíram para que o pastor se referisse a ter um armário cheio de esqueletos. Às vezes, os membros da igreja são diretamente culpados pelos danos causados a um pastor, que é o caso relatado neste livro.

Tenho certeza que este livro também será de ajuda aos filhos de pastores a partir de um filho de pastor que pela graça não se afastou e não decidiu navegar dentro da igreja apenas aprendendo como se move esse mundo de ministério. Deixe-me explicar, entre os filhos de pastores, na minha opinião existem 4 grupos:

1. Aqueles que permanecem firmes no evangelho.

2. Aqueles que se separam por coisas diferentes que viram na mesma família.

3. Aqueles que simplesmente não queriam nada com o evangelho.

4. Eles viram muitas coisas horríveis na família, com seus pais sendo pastores, mas continuaram no evangelho apenas porque aprenderam a mecânica de como tudo se move no ministério e provavelmente acabaram replicando o mesmo evangelho que viram em seus casa onde moravam. Ele prega uma coisa, mas vive outra.

Acredito que este livro pode ajudar todos os quatro grupos. Eu pessoalmente acredito que o pior dos 4 grupos é o número 4 porque geralmente acontece com muitos filhos de pastores que não tem nenhum tipo de comunhão com Deus, mas eles aprenderam como todo esse mundo de ministério se move e estou mais preocupado com isso grupo porque eles acreditam que são cristãos porque frequentam todos os cultos, até ensinam outros, dão ensinamentos mas só porque aprenderam a mecânica e sabem como é uma oração que a maioria aceita como correta, sabem o que é uma pregação é assim que as pessoas aceitam como correto enquanto estão totalmente separadas de Deus. Espero que este livro contribua muito para o grupo número 4.

Este livro não é para me salvar como psicólogo ou para liberar ódio ou ressentimentos. Minha maior esperança é que este livro ajude líderes, pastores e filhos de pastores.

Até o momento, a maioria dos meus irmãos, todos criados no mundo da igreja e com amplo conhecimento bíblico, estão fora do evangelho porque viram e viveram coisas incompreensíveis que ocorrem dentro de algumas famílias ministeriais e não tiveram a ajuda necessária.

Espero com estas memórias que líderes, pastores e membros da igreja abram o seu entendimento em muitos aspectos e tenham os olhos espirituais abertos para ajudar as pessoas cujos pais poderiam se ver como os ministros mais qualificados do mundo, mas que têm armários cheios de esqueletos em suas casas. .

Neste livro, para proteger a privacidade das pessoas, não fornecerei nomes reais de nenhuma pessoa ou ministério. Eu mesmo decidi não fornecer meu nome e, portanto, da capa ao final me referirei como Alias Martin García, mas garanto diante de Deus que cada palavra do que escrevo é totalmente verdadeira.

Nesta segunda edição em suas três versões, e-book, físico e audiolivro, acrescentei material extra onde se mostra um pouco a veracidade do que digo sem me expor a revelar qualquer identidade.

Como repetirei várias vezes neste livro, a minha ideia é deixar uma mensagem e não expor todos os erros ou falhas das pessoas, por isso mencionarei apenas um pequeno número de acontecimentos, aqueles que considero necessários para que o mensagem que quero deixar pode ser entendida.

CAPÍTULO 1

Contextualizando: a história antes das histórias.

Eu sou Alias Martin García e esta é a história antes das histórias.

Considero importante situar este capítulo porque este capítulo e em geral os primeiros capítulos fornecem o contexto para podermos compreender os motivos que levaram à ocorrência das situações que mencionarei mais adiante.

Sou o segundo de 6 irmãos, duas meninas e 4 meninos, meus pais: um homem nascido no interior de um país da América e uma mulher nascida em uma ilha de língua inglesa no Caribe.

Minha avó se mudou para este país com o padrasto da minha mãe, que a maltratava muito e no desespero de fugir, ela concordou com as exigências do meu pai e a levou para morar com a família dele.

Meu pai, alcoólatra e fumante, não conhecia nenhum ofício e nem sequer estudou; minha mãe mal havia concluído o ensino fundamental. O trabalho do meu pai era enganar as pessoas jogando cartas.

Infelizmente meu pai não era um amor e essa falta de carinho que minha mãe tinha vai trabalhar contra ela mais tarde.

O início da vida deles como casal foi um inferno, porque os abusos por parte da família do meu pai foram imediatos, pois denegriram a minha mãe por ser negra, embora ela não seja realmente negra, mas sim morena como qualquer pessoa neste país americano onde ela mora. índios imorais, da cor de um grão de café cozido demais, tinham a pretensão de maltratar minha mãe por ser negra, embora eu acredite que não a chamassem de negra por causa de sua cor, mas porque ela era descendente de negros.

Eles pareciam ter todos os ingredientes para o fracasso. Que comecem as apostas! Quantos meses damos a este par?

Minha mãe me conta que a situação com a família dos meus pais era tão forte que ela sentiu que estava enlouquecendo, tanto que uma vez eles saíram em busca de uma casa para comprar sem terem uma moeda no bolso.

No final acabaram na casa da minha avó materna que lhes deu um terreno com uma casa de barro onde realmente começam as minhas próprias memórias daqueles tempos.

Nesta casa de barro que, como dizem por aqui, quando chovia ficava mais molhado por dentro do que por fora, passamos o primeiro período de fome, e já éramos três, os três primeiros homens.

Tenho lembranças muito interessantes dessa época. Lembro-me de vizinhos nos dando dois pratos de comida para 5 pessoas e de meus pais nos dando enquanto estavam morrendo de fome. Lembro-me também das brigas de uma tia com minha avó. Quando minha avó quis nos passar um prato de comida, minha tia gritou com ela: Você vai dar minha comida para esses famintos?!

Lembro-me também da minha primeira experiência com pessoas demonizadas porque desde muito cedo tivemos que ver minha tia (sim, a mesma que impedia minha avó de nos dar comida enquanto estávamos com fome, não poderia ser outra pessoa-) sendo possuída por demônios, ambos que mudaram de forma.

Conversão dos meus pais e primeiros passos no Evangelho

No meio de tudo isso ocorreu a conversão dos meus pais. Contam-me que numa campanha dos irmãos pentecostais o pregador gritou perguntando quem era o homem valente que queria vir receber a Cristo e meu pai, no meio de um estado de embriaguez que não conseguia nem ficar de pé, respondeu: "Sou valente " e passou. Ele diz que no mesmo momento sua embriaguez passou e ele deu os primeiros passos no evangelho.

Ele conta que não teve problemas para parar de fumar, foi instantâneo, mas a tentação pela bebida foi horrível.

Ele conta que certa vez estava voltando de um culto e um de seus antigos amigos de festa lhe mostrou uma cerveja e disse: "Venha beber uma". Ele conta que chegou em casa perturbado, desesperado porque a imagem daquela deliciosa garrafa de cerveja gelada ficava se repetindo em sua mente. Ele nos contou que naquele momento ele se ajoelhou e clamou a Deus e disse: "Se você não tirar essa vontade, vou procurar aquela cerveja" e naquele momento Deus tirou aquela vontade de licor para sempre.

Meu pai cresceu no evangelho e começou a ser considerado pregador, minha mãe passou a fazer parte do grupo de louvor e foi a diretora de culto designada. É bom entender deste capítulo que naquela época os grupos de louvor das igrejas pentecostais não eram muito organizados nem buscavam a excelência porque "Deus se preocupa com o que importa ao coração".

Já nesta altura a nossa vida tinha mudado, o meu pai deixou de enganar as pessoas com jogos de cartas para se tornar um trabalhador e fornecedor sério e responsável para a sua família. Depois começou a trabalhar em uma petrolífera como simples ajudante, mas com a sabedoria e a graça que só Deus dá, tornou-se chefe de tripulação.

O crescimento ministerial continuou para nós dois, minha mãe aos poucos começou a se tornar uma estudiosa da Bíblia e também a ser conhecida como rebelde por não aceitar nenhuma doutrina que não tivesse base bíblica e como todos sabemos, nenhum pastor gosta desse tipo de pessoas e sempre acabavam chamando-as de arrogantes e rebeldes. Todo pastor ama submissos. Infelizmente ela acabaria fazendo o mesmo muito mais tarde. Mas não vamos nos precipitar, vamos passo a passo.

CAPÍTULO 2

Um e outro e outro.

O próprio fato de meus pais não aceitarem doutrinas extrabíblicas ou antibíblicas fez com que eles fossem expulsos de diversas igrejas e eles simplesmente abandonassem outras. Acho que quando eu tinha 10 anos já tínhamos passado por 5 congregações diferentes E aquelas que faltavam!

Passamos por uma congregação onde o pastor teve uma vida amorosa com o profeta da igreja e eles até tiveram um filho, passamos por outra igreja onde o pastor teve uma vida amorosa com um dos fiéis, por uma onde eles eram chamados "os quietos", passamos por outros que tinham doutrinas tão estranhas que tenho certeza de que eram seitas.

E eu? Por que não apareço ainda?

Bom, desde pequeno meus pais sempre fizeram com que eu e meus outros dois irmãos do sexo masculino fizéssemos apresentações especiais cantando um hino de louvor ou adoração nas campanhas pentecostais, por isso praticamente cresci com um microfone na mão.

Eu particularmente adorava cantar, meu irmão mais novo adorava a bateria e o violão e o mais velho, bom, o mais velho dos meus irmãos adorava as meninas, e não, não estou falando dos violões pequenos e sim das meninas da igreja.

CAPÍTULO 3
Esta está.

Era a década de noventa, a última igreja onde estivemos era uma doutrina falsa, quase um culto, e a gota d'água foi que o pastor foi infiel à esposa e não podíamos ficar lá. Eles estavam quietos, mas terríveis.

Meus pais já estavam decepcionados com tudo que se chama pastor e com tudo que se chama igreja. Muitas vezes as pessoas profetizaram ao meu pai que ele seria pastor, mas ele entendeu que ainda não era a hora.

Em muitas conversas, meus pais apenas repetiam a frase "Se Deus nos chama para o pastorado, não faremos nenhuma daquelas coisas ruins que vimos os pastores fazerem". que não concordam com eles ou abusam do seu poder como pastores. Enquanto nós, crianças, ouvíamos essa frase, eu, de minha parte, fiquei feliz e esperei pelo momento em que eles seriam pastores, confiando que nunca fariam as coisas horríveis que eu via os outros fazerem.

A certa altura alguém contou aos meus pais sobre um novo grupo que estava se reunindo com um casal de engenheiros recém-casados que vinham das planícies centrais do país, meus pais foram e acharam muito bom.

Nós, crianças, achamos legal. Eles trabalharam com mímicas, peças teatrais e coreografias e para nós toda aquela forma de evangelismo era algo novo e maravilhoso. Além disso, tiveram a inteligência e a sagacidade de nos adicionar rapidamente a todos os grupos.

Durante alguns anos vivemos tempos especiais, um novo homem no pastorado que era um pastor melhor do que todos os pastores experientes que conhecíamos e um pastor ainda melhor do que ele mesmo é hoje. Foram anos quase mágicos.

Lá conheci um líder de louvor que mudaria minha vida, recebi minha primeira educação oficial em música e dei meus primeiros passos como líder de louvor.

Aquele pastor novato tinha uma disciplina horrível, mas que eu adorava; Lembro que nós que escolhemos fazer parte do grupo de louvor tivemos que fazer uma preparação de 6 meses que incluía aulas de canto, demonstrar fidelidade a Deus não falhando em nenhum dos cultos ou ensaios ou qualquer atividade da igreja, e nossos familiares tivemos que atestar que tínhamos um bom comportamento e uma vida de comunhão com Deus.

Além disso, fomos chamados para ser os primeiros a chegar na igreja e se o pastor chegasse na igreja e visse a igreja suja ou cadeiras fora do lugar ou água no chão e nós estivéssemos lá e não tivéssemos consertado, era certo que o pastor iria nos contar, ele repreendeu porque a ideia era tirar aquele espírito elitista que os do grupo de louvor costumam ter e nos ensinar a ser servos em vez de buscar sempre ser servidos, o que é um dos grandes problemas dos integrantes dos grupos de louvor até hoje.

Sempre me lembro de uma manhã de domingo que, como sempre, todos nós que optávamos por fazer parte do grupo de louvor chegamos cedo e ficamos brincando um pouco e ouvimos o som daquele Corolla vermelho! e olhamos pela janela e era o pastor!

O que o pastor está fazendo aqui tão cedo?! Todos nós nos perguntamos e rapidamente olhamos por toda parte na igreja para ver se havia algo sujo ou bagunçado e descobrimos que havia um pouco de água derramada no chão e uma das meninas mais delicadas daquele dia tinha usado um lindo vestido e correu, Ele pegou um pano, ajoelhou-se e enxugou a água.

Na verdade não foi por medo do pastor, porque na verdade todos nós o amávamos, durante anos sempre que falava e contava dele, referia-me a ele como o melhor pastor que já conheci, até há alguns meses atrás ouvi dele novamente e descobri que ele passou para o lado negro, ele passou para o lado dos hereges que sacrificam a verdade do evangelho para ter um grande número de pessoas na igreja.

Tenho outra lembrança "legal" daquela época e tem a ver comigo. Naquela época, uma das regras para nós que optávamos por fazer parte do grupo de louvor era que não precisávamos faltar aos ensaios e permanecer nos ensaios até que terminassem, mas o líder de louvor geralmente chegava atrasado aos ensaios de sábado. e os ensaios muitas vezes terminavam à meia-noite. Graças a Deus eu tinha um tio que já fazia parte do time de louvor e me levou para casa.

Já se passaram vários sábados desde que cheguei em casa às 12h15 da noite e minha mãe não ficou muito feliz com isso e me disse: "Você volta às 12 da noite e dorme na plataforma".

Naquele sábado seguinte depois que minha mãe me deu o "ultimato" O líder do grupo de louvor chegou atrasado como sempre e no meio do ensaio conforme as horas passavam, eu apenas olhei para o relógio até dar meia-noite e então tive paz porque eu disse a mim mesmo "De jeito nenhum, tenho que dormir fora"

Minha mãe, que sempre amei por esse jeito de ser, por fazer o que ela mandava, quando cheguei em casa encontrei a porta fechada e não adiantava bater, então subi na plataforma o melhor que pude e deitei-me o melhor que pude Consegui no concreto., e graças a Deus consegui dormir, embora pela manhã tive que retirar, com muita dor, pedrinhas que estavam grudadas na minha pele por dormir no concreto.

Hoje, enquanto escrevo isto, penso na imprudência do líder da equipe de louvor, mas na época foi o preço que tive que pagar pelo meu sonho de fazer parte da equipe de louvor e suportei isso com alegria.

São marcas que carrego sem peso nem dor, principalmente quando hoje quem está nos grupos de louvor não é ensinado a ser disciplinado, não paga o preço de nada, não é ensinado a ser servo e acho que é justamente por isso que eles têm esse espírito elitista. Ao longo dos anos não sei se conheci algum membro de um grupo de adoração que não tivesse esse espírito elitista.

O triste é que os pastores atuais não formam mais pessoas assim. Para eles basta que os músicos toquem, os cantores cantem e pronto. Lembro-me de uma vez tentar ensinar esse tipo de disciplina, obviamente não terminar os ensaios às 12 da noite, isso é honestamente um abuso, e ao tentar ensinar esse tipo de disciplina os pastores me destruíram, um pastor me disse: "O que eu quero é que você os ensina a cantar, nada mais"

Há alguns meses visitei aquela igreja e a equipe de adoração está em ruínas. Mas essa história vem depois, quando começamos a ver os esqueletos dentro do armário.

Bom, tudo estava indo perfeitamente bem naquela igreja, a igreja começou a crescer exponencialmente... Mas, mas de repente tudo começou a dar perfeitamente errado.

E tudo começou a correr perfeitamente mal, não pela redução do número de pessoas na igreja, porque a verdade é que durante algum tempo éramos mais a cada dia, mas num determinado momento foi determinado que desde a igreja foi iniciado por jovens e jovens. Foram eles que trouxeram as pessoas para a igreja com seu tipo de evangelismo, então eles tiveram que ter liberdade. Erro grave! Os jovens começaram a ter permissão para praticamente tudo.

De repente, o "Apóstolo" daquele ministério... Ah, hora de um parêntese explicativo! Bem, eu não tinha mencionado isso. Esse ministério tinha o que era novo para nós naquela época, os Apóstolos! Pessoas que não tinham visto Jesus, que é um dos requisitos para ser apóstolo, mas que se autodenominam apóstolos. Me vem à mente que há poucos dias um pastor explicou que lhe disseram "Mas dizem que são apóstolos" e ele diz que respondeu "Há pessoas por aí que dizem que são Napoleão e isso não significa que sejam Napoleão."

Naquela época, início dos anos 90, a coisa dos apóstolos era bem nova, não como agora, quando eles vêm até nas caixas do McDonald's. Tem até lugares onde você faz um curso de alguns meses e te dão um certificado de apóstolo.

De minha parte, digo sempre que não nego que possam existir apóstolos, mas primeiro devo cuidar para que cumpram as funções que tiveram os primeiros apóstolos e até agora não vi nenhum fazê-lo. A única coisa que fazem é "confirmar os crentes" que, aliás, cada um tem a sua interpretação do que isso significa, mas se reunir para colocar ordem na igreja como fizeram os verdadeiros apóstolos, Nunca! apenas confirme.

Tendo explicado brevemente o que se refere aos apóstolos, continuo com a história. A verdade é que por motivos que nada têm a ver com o propósito deste livro, o apóstolo daquele ministério afastou o nosso pastor e começou a trocar o nosso pastor como se fosse roupa interior e cada um superou o anterior no quão maus eram. era.

Todos tinham as mesmas características: Queriam que todos gostassem deles, alguns tinham carisma, outros apenas lutavam para serem queridos, imagino que para não serem removidos como os outros, mas no final nenhum deles funcionou tão bem quanto os outros. primeiro.

CAPÍTULO 4

Um pior que o outro.

Lembro-me que o próximo pastor para quem fomos nomeados tinha um casal de filhas que ele colocou como jovens e líderes de grupos de louvor junto com seus namorados. Naquela época ainda estávamos reunidos na sala de reuniões de um hotel da cidade.

Essas lindas filhas do pastor e líderes dos jovens e do grupo de louvor, ao final do ensaio de louvor de sábado, foram passear em uma boate que ficava a meio quarteirão do hotel. Ninguém nos contou, eu e dois dos meus irmãos vimos com os nossos próprios olhos e nem uma vez, nem duas, nem três vezes, mas repetidamente e não, não foi para comprar gelo ou garrafas de água mineral.

Linda, minha mãe, que ao contar a ela o que descobrimos que nossos novos líderes estavam fazendo, nos ensinou que não deveríamos desrespeitar nossos líderes, mas que, independentemente do que fizessem, deveríamos respeitá-los como líderes.

Depois ficou amplamente conhecido que essas meninas e seus namorados praticavam um tipo de evangelho que ainda não era muito conhecido na cidade onde morávamos, um evangelho onde o mundo e a igreja se misturam e a diferença acaba se perdendo.

Em outra ocasião, indo para um acampamento de jovens da igreja, como faziam naquela época, estávamos viajando de ônibus, eu estava sentado em um dos assentos do meio e vejo que os da frente me pedem para passar um cooler para trás e aí o pessoal de trás me pediu para devolvê-los para as pessoas da frente, isso aconteceu tantas vezes que cansei e abri o cooler e para meu espanto o que tinha no cooler era rum! Já se passaram mais de vinte anos e ainda me surpreende. Alguns jovens que viajavam para um acampamento cristão bebiam RON!

Nessa época meu pai já era um líder na igreja, forte em sua palavra. forte na oração, reconhecido e amado e com a célula que mais cresce na igreja.

Mas em casa a história era bem diferente, em casa ele não era aquele exemplo e líder eficaz. Em casa foi muito horrível, meu irmão mais velho, meu irmão mais novo e eu tentamos procurar ajuda do pastor, o pastor não nos deu o benefício da dúvida, falou com nosso pai e as coisas pioraram.

Fui o último a pedir ajuda ao pastor e o que aconteceu depois de conversar com aquele pastor me marcou para o resto da vida. O pastor contou tudo para meu pai, meu pai disse a ele que eu estava possuído por um demônio e descobri que uma noite o pastor veio até minha casa "para tirar os demônios de mim".

Enquanto aquele pastor gritava, repreendendo meus demônios, eu apenas olhei para ele com lágrimas nos olhos, porque confiei nele contando-lhe a nossa situação e em vez de nos dar o benefício da dúvida e pelo menos orar e investigar como ele era um novo pastor, ele preferiu encontrar uma maneira de cair nas boas graças de um dos líderes mais proeminentes como meu pai era naquela época.

Eles continuaram gritando, me repreendendo "ao diabo" e eu continuei olhando para o pastor e chorando. Depois de um tempo, ao ver que eles não paravam de repreender o diabo, movi bruscamente as mãos e caí no chão enquanto o pastor gritava de alegria porque o suposto demônio havia saído.

Nunca mais nenhum dos três irmãos teve confiança para contar a situação familiar a outro pastor.

Voltando ao tema da igreja, acontece que o que começou como algo lindo, como a congregação dos nossos sonhos, estava começando a se transformar em um pesadelo.

Então o apóstolo nomeou outro pastor. Nessa altura continuamos a crescer em quantidade, mas a diminuir em qualidade. Como a sala de reuniões do hotel ficou muito pequena, uma sala bastante grande foi alugada, embora o pastor anterior estivesse lá. Naquela época nos tornamos a maior igreja da cidade.

No meio de tanta loucura na igreja, quer dizer, tínhamos muita gente, mas em termos de cristianismo talvez a gente fosse a pior igreja, mas no meio disso eu como adorador estava crescendo. Fazia anos que fazia parte do coral da igreja, estava na última fila, nunca sonhei em ser diretor de louvor porque odiava minha voz, mas adorava cantar para Deus, é estranho, mas foi assim e com meu amor por cantar para Ele, desenvolvi certas estratégias para me forçar a prestar nova adoração a Deus.

Naquela época Deus já havia abençoado muito meus pais, e meu pai deixou de trabalhar na petroleira e montou uma oficina de pintura de carros no quintal de uma casa que comprou dos meus avós e pela pura bondade de Deus foi possível .construir uma casa de três andares.

Eu costumava ir até o terceiro andar da casa e começar a cantar músicas por um tempo e então dizia para mim mesmo: "Bem, isso é o que quem escreveu aquela música queria dizer a Deus, agora use as mesmas melodias e diga algo a Ele". seu próprio coração" às vezes era difícil para mim, mas fazendo isso continuamente comecei a ter belos momentos de adoração genuína a Deus.

Com o passar do tempo, coisas interessantes começaram a acontecer, às vezes eu estava assistindo um filme com minha família ou simplesmente ali com eles, o que não era normal porque eu era muito retraído, não costumava interagir muito e sendo assim sentia dentro de mim um chamado ir embora para adorá-lo, para estar com ele. Às vezes ele dizia: "Não seja religioso, você quase não passa tempo com sua família e quando você fica um tempo com eles, você vai embora?", mas no final eu sempre ia embora porque adorava passar um tempo com ele.

Muitos anos antes de ocorrer a situação que ouvi minha mãe orar de madrugada e fiquei chocado com sua maneira de orar, então pedi a ela que me ensinasse a orar como ela e o tremendo me disse: "Vou conseguir você levanta uma vez e depois levanta sozinho"

Eu tinha cerca de treze anos e ela estava orando às 2 da manhã e minha mãe me disse: "Vou te acordar só uma vez". A verdade é que no começo foi muito forte, não durou nem 5 minutos e ela orou das 2 da manhã às 6 da manhã, ou seja, ela orou 4 horas e eu não tive mais nem menos mais de 3 horas e 55 minutos restantes.

Ela me instruiu, dizendo-me para primeiro repetir o que ela orou, depois de alguns dias orando a mesma coisa que ela orou, para pouco a pouco acrescentar minhas palavras até que a oração se tornasse totalmente minha. Depois de alguns meses, um adolescente de 13 anos já estava orando por 4 horas e não religiosamente, mas era uma delícia.

E como com a experiência que tive com minha mãe em oração eu já havia praticado o que era estar na presença de Deus, o que fiz no culto no terceiro andar da casa foi encontrar novas formas deliciosas de estar em sua presença. presença.

Como já expliquei, no grupo de louvor me senti confortável estando na última fila do coral, ninguém nunca me via, minha voz nunca era ouvida e a verdade é que não me importava, era extremamente introvertido e por cima disso eu não gostei da minha voz assim. que não tive problema nenhum com o fato deles não me verem ou ouvirem, até que um dia senti a presença do espírito santo tão fortemente no meio do culto e de todo igreja ouviu minha voz e eu não pude abaixar a voz nem ficar em silêncio até terminar.

Todos ficaram surpresos e acho que eu fiquei ainda mais. Depois disso, um tio meu, que na época era o líder do grupo de louvor, decidiu começar a me fazer cantar o culto sozinho aos domingos e acompanhado por outra pessoa por causa dos meus problemas de introversão.

Cantei colado ao microfone sem me mexer, mas não precisei de mais nada, a glória de Deus encheu o lugar quando comecei a cantar. Fiquei assim por alguns anos sem problemas. Adorei o grupo de louvor, adorei adorá-lo, mesmo que ele estivesse em último lugar na fila do coral como estava antes.

Depois de cerca de dois anos, aconteceu um dos momentos mais cinzentos da minha vida ministerial. Alguns irmãos da igreja me ajudaram pagando minha matrícula e mensalidade para estudar em uma escola tecnológica e não pude comparecer aos três ensaios que o grupo de louvor tinha, pois estava em aula e pelo que me contaram depois, o diabo semeei inveja no coração de alguns do grupo de louvor porque eles elogiaram muito como a presença de Deus se movia enquanto eu liderava.

A verdade é que foram ao meu local de estudo e me disseram que tenho que ir a uma reunião urgente do grupo de louvor, vou com eles e quando chego à igreja a reunião foi só comigo e isso me surpreendeu. Aí, dois tios meus e outros do grupo de louvor se encontram, e me dizem que a reunião é para me informar que por não poder estar em dois dos três ensaios do grupo de louvor, não poderia continuar fazendo parte dele .

O céu caiu, meu coração se partiu e principalmente porque alguns dos que estavam fazendo isso comigo eram minha família. Pedi para falar e contei todo o sacrifício e dedicação que tive no grupo de louvor, algo que nenhum deles jamais havia feito.

Naquele momento, no grupo de louvor inicial onde comecei, só restava eu e um dos meus tios. Nenhum deles pagou o preço que paguei. Depois de dizer o que tinha a dizer, pedi a um dos meus tios que me levasse para casa e lá chorei muito.

Minha mãe sabia mais do que eu por que tudo aconteceu. Ela me deu uma grande lição, ela me disse: "Você aí do seu lugar, adorando como sempre fez, vai mostrar a ela que você é um verdadeiro adorador." E assim fiz, sem procurar provar nada, apenas sendo e fazendo o que eu já fiz em segredo.

CAPÍTULO 5
A torre de cartas cai.

De repente a maior igreja da cidade começou a ficar desolada e não havia mais o suficiente para pagar por tal lugar e tivemos que começar a realizar cultos no estacionamento de uma casa pertencente a uma das irmãs que congregava na igreja.

Antes de nos mudarmos para congregar no estacionamento da casa da irmã, outro novo pastor havia sido anunciado, então viemos congregar no estacionamento com um novo pastor. O cara era carismático, como novo chefe queria que todos gostassem dele, conseguia impressionar os jovens porque já o conhecíamos de vê-lo nos congressos de juventude e dança que íamos uma vez por ano, já que ele era o líder do grupo de dança da igreja matriz.

De repente a igreja começa a crescer, passou de estar no estacionamento para ter que fazer modificações na casa para que mais gente pudesse entrar, parecia que a igreja iria renascer.

Naquela época houve uma reestruturação no grupo de louvor e eles me "reengajaram".

No meio disso, acreditei que o pastor queria mesmo fazer as coisas certas e criei coragem, tive a grande ideia de contar para ele algumas coisas que considerava erradas no grupo de louvor. Fiz isso por amor ao grupo de louvor e porque fiz parte daquela primeira glória e queria que voltasse àqueles tempos de glória.

Bem, eu não sabia que eles iriam me punir com algo que mudaria minha vida para sempre. Eu não sabia que o homem era amigo daqueles que já haviam conspirado para me expulsar do ministério e planejado vingança por ter dito as coisas ruins que eu disse estavam no grupo de louvor.

O pastor me disse: "Bem, vou colocá-lo no comando do ministério por alguns dias, enquanto o apóstolo do ministério vem para uma atividade especial de 3 dias. "Você vai ter que liderar os louvores nesses três dias, tem que escolher as músicas e ensaiar com os músicos e preparar tudo".

Quase morri com a notícia porque nunca tinha liderado um culto, sempre acontecia que outra pessoa dirigia o culto e cabia a mim fazer adorações, eu cantava o que tinha que fazer, depois ia para minha casa no coro enquanto o diretor de louvor Ele continuou a liderar o louvor.

Eu não sabia o que fazer, reuni coragem e disse "Ok, sem problemas". Pelo que entendi, a ideia deles era que eu não aceitaria ou ficaria constrangido naquela atividade especial e quase conseguiram. No grupo ainda estavam meus tios e as outras duas pessoas que fizeram parte da conspiração anterior para me tirar do grupo de louvor, então vocês podem imaginar o que me esperava. Bem, eu não imaginei isso.

Reuni-me com todo o grupo, inclusive eles, e pedi que sugerissem datas para os ensaios, quando faltava um mês para a atividade. Todos deram sua opinião, inclusive eles, e juntos estabelecemos um cronograma de ensaios. Meus tios se aproximaram de mim e me disseram para contar com o apoio deles, pois tinham mais experiência do que eu, mas nada poderia estar mais longe da verdade.

Depois de todos termos estabelecido o horário dos ensaios e depois de os meus tios me terem dito que me iriam apoiar, visto que tinham experiência na direcção de louvor, nem eles nem nenhum dos que anteriormente tinham conspirado para me retirar do grupo de louvor compareceram. para uma das provas.

A mais velha das minhas irmãs, que naquela época também fazia parte do grupo de louvor, me disse "Não, meu filho, não vou ficar triste com você".

Apenas duas pessoas me apoiaram, meu irmão mais novo que tocava bateria e um amigo dele que tocava violão, nós três continuamos e apesar de todas as adversidades resolvi continuar.

Eu nunca tinha liderado um ensaio antes, nunca tinha liderado um culto antes e tinha uma atividade especial com o apóstolo do ministério e quase todos me abandonaram, até minha própria família que eu tinha no grupo de louvor que havia corroborado para o segundo vez em que eles eram na verdade meus inimigos.

Chegou o dia e eles queriam estar no louvor e claro que eu deixei. A verdade é que o primeiro dia foi um desastre. Meus nervos e falta de experiência me traíram. Além disso, sempre tive problemas de nervos e, aliás, não tomo remédio.

Cheguei em casa todo desmotivado, só estava chorando, talvez todos ainda estivessem esperando a bela história do filme que tudo deu certo para quem eles subestimaram, bom não, o primeiro dia foi horrível e depois de chorar e lamber as feridas eu disse para eu mesmo "Eu já fiz isso." "Todo o ridículo que eu poderia fazer, todo o constrangimento que eu poderia fazer já passou, não posso mais fazer papel de bobo do que já fiz, então relaxe e vá em frente."

Já no segundo dia, com a mentalidade de que não poderia me tornar mais ridículo do que havia feito, tive mais coragem e ensaiei com meus dois fiéis, meu irmão e seu amigo. Claro que o resto não apareceu no ensaio, mas apareceu no culto noturno e obviamente eu os deixei e como me senti mais livre e menos nervoso porque sabia que não poderia mais fazer papel de bobo e ficar mais envergonhado do que no dia acima, milagrosamente tudo ficou melhor.

No terceiro dia tudo correu bem e saí mudado. O que aprendi com essa experiência me transformou! Não só porque já poderia liderar um serviço, mas criou em mim uma mentalidade de que se Deus me fizer entender que o que estou fazendo é a coisa certa, mesmo que ninguém me apoie eu continuarei.

A outra lição que aprendi diz respeito à família. Naquele dia meu irmão e seu amigo me mostraram que eram família e meus tios e minha irmã me mostraram que não eram família, não guardo rancor deles, mas são coisas que devem ficar claras logo. Jesus disse Quem são minha mãe e meus irmãos? (Mateus 12:48,49)

E comecei a aprender como lidar com emoções e traições e depois de um fracasso, como me livrar disso e seguir em frente.Gostaria que um dia aquele jovem e meu irmão mais novo lessem este escrito e soubessem que ainda sou grato a eles. Depois disso começaram a me fazer liderar louvores de vez em quando, eu ainda não me sentia confortável liderando louvores, ainda era aquela criança tímida com as limitações que uma pessoa com Asperger tem, mas com o potencial que o Espírito Santo dá.

CAPÍTULO 6

Hora de ir.

31

A igreja começou a crescer novamente em quantidade, mas tornou-se mais pobre no verdadeiro cristianismo. O pastor era um cavalo de Tróia que tinha o judaísmo dentro de si, mas muito liberal.

Ao mesmo tempo que celebrávamos o sábado, que aliás no início nem sabíamos o que faziam conosco, celebrávamos a Sagrada Comunhão da forma mais despótica que já havíamos visto.

O pastor insistia que a santa ceia que a gente participava era muito religiosa, que a gente tinha que se preparar, que era um jantar e que no jantar você come de tudo, que naquela hora era pão e vinho, porque era foi a cultura que jantei naquela região naquela época e é uma celebração que deveria ser alegre.

Portanto a celebração da Santa Ceia tornou-se tudo menos santa. Uma imensa desordem como a que ocorreu na igreja de Corinto e que o apóstolo Paulo quis corrigir.

E a desordem na Santa Ceia foi apenas um reflexo da desordem geral na igreja, onde o mundo se tornou tão misturado com a igreja que não havia mais diferença entre um e outro.

Não houve mensagens sobre pecado e arrependimento, apenas mensagens complacentes. Olhando bem, o pastor infelizmente estava à frente de seu tempo porque hoje esses tipos de pastores proliferam e lotam igrejas e as maiores igrejas são desse tipo.

Enquanto isso, Deus vinha alertando meus pais há meses que era hora de sair de lá, mas havia muitas desculpas:

-Se sairmos de lá, para onde vamos?

-Estamos aqui há anos e os meninos cresceram nesta igreja.

-Aqui já temos liderança.

E então mil desculpas.

Infelizmente não queríamos sair pelo caminho certo e então Deus teve que escolher o seu lado forte.

Tudo aconteceu da seguinte maneira:

O pastor pediu para meu pai pregar em um domingo, mas ele não pensou em pregar sobre pecado ou algo assim, mas meu pai já estava farto e não pôde evitar e quando no meio do sermão meu pai começou falando sobre pecado. O pastor levantou-se do seu lugar e com raiva tirou o microfone e começou uma pequena discussão que terminou com toda a família se levantando de nossos assentos e saindo da igreja.

Nossos amigos da igreja nos abraçaram e choraram conosco quando saímos da igreja...

Expressar o que sentimos naquele momento é bastante difícil, porque foi uma combinação de muitas coisas, saber o que estava acontecendo e ao mesmo tempo não saber o que realmente estava acontecendo. Centenas de memórias passando por nossas cabeças enquanto uma parte se lembrava de todas as vezes que meus pais conversaram sobre como Deus os fez saber que deveríamos sair dali.

Chegamos em casa, não sei se houve conversa, só me lembro do silêncio. A partir daí, acho que minha irmã nunca mais se reuniu, meu irmão mais novo nunca mais levou o evangelho a sério e, no futuro, ninguém realmente o ajudou a fazer isso.

CAPÍTULO 7

Um novo começo.

Após a saída retumbante da congregação anterior, ficamos todos perdidos em casa. Alguns meses depois, meus pais começaram a ter momentos de oração à tarde, na sala de casa. Juntei-me a eles meses depois. Meu pai sempre me repreendeu por não me juntar a eles imediatamente.

A verdade é que demorei anos para superar essa separação, embora na época eu tivesse cerca de 17 anos. Acho que todo mundo tem tempos de assimilação diferentes. Acho que esperavam que, como eu tinha uma suposta maturidade espiritual, assimilasse rapidamente a situação.

Bem, as pessoas começaram a participar desses momentos de oração. Há algum tempo eu havia perdido o emprego e pedi ao meu pai que me desse um dos quartos do térreo da casa que não servia para acomodá-lo, já que morávamos no segundo andar e para dar aulas de inglês enquanto eu procurava trabalho.

Milagrosamente, concordou meu pai, mais tarde explicarei por que descrevo isso como um milagre. Começou a dar muito certo para mim, tanto que consegui ganhar dinheiro para colocar piso e rebocar as paredes, mas enquanto eu estava bem, o grupo de oração que se reunia para orar na sala da casa estava também crescendo e meu pai se viu na necessidade de utilizar o local onde eu dava aulas e eles começaram a se encontrar lá.

É muito interessante que quando a igreja foi implantada derrubaram paredes, colocaram cerâmicas, mas as cerâmicas não bastaram para o retângulo da minha sala de aula onde tudo começou, vocês podem ver isso no material adicionado que adiciono neste segundo edição. Mas não vamos nos antecipar à história, vamos continuar contando passo a passo e embora talvez todos já queiram ler sobre os esqueletos, é importante conhecer toda essa história antes de apresentar todos os esqueletos.

A verdade é que meu pai não queria ser pastor, eles sempre tiveram medo disso porque sabiam o custo e tinham visto o comportamento de outros pastores, então à medida que o grupo foi crescendo meu pai começou a procurar um ministério que enviaria um pastor.

No grupo havia uma mulher que sempre nos contava sobre o apóstolo do ministério da igreja onde ela congregava em sua cidade natal.

A insistência foi tanta que meus pais resolveram ouvir os sermões desse homem, que também nos emprestou um case com uma oficina inteira de Louvor e Adoração em fita cassete ministrada por esse homem. O workshop foi baseado na Tribo de Judá. Enquanto eu estava no grupo de louvor, participei de muitas conferências de louvor, porém, esse material era de nível superior.

Meus pais gostaram da doutrina dele, eu gostei, além da doutrina dele, do posicionamento dele em relação ao louvor bíblico, porque são poucos os pastores que são adoradores ou entendem o que realmente é o louvor, ele até hoje é entendido nessa área.

Um dia informaram ao meu pai que esse apóstolo viria para o nosso país e meu pai decidiu ir falar com ele para que enviasse um pastor. Meu pai, por algum motivo que não entendo, já que ele nunca gostou de mim, entre as pessoas que iriam acompanhá-lo, ele decidiu me levar e a viagem foi um acontecimento e tanto para nós pela forma como Deus falou com meu pai já que chegamos na cidade um dia antes do culto.

com ele. No final do sermão ele cumprimentou a todos, eu estava perto, mas tive pena dele e só fiquei uns dois metros dele.

Então meu pai se encontrou com ele e a resposta surpreendeu meu pai. A mensagem era "Você veio encontrar um pastor para essas pessoas, mas você é o pastor dessas pessoas"

CAPÍTULO 8

Início do ministério pastoral dos meus pais e primeiros esqueletos.

Depois de voltar da viagem com a surpresa, meus pais tiveram que enfrentar a realidade do pastorado. Praticamente continuamos como estávamos, mas não esperando mais que alguém assumisse o comando, mas com meus pais assumindo a responsabilidade do pastorado e mais uma vez com a firme decisão de não cometer os mesmos erros que tinham visto em todas as igrejas onde estiveram. tinham passado, e muito menos cometido, os mesmos abusos de poder que tinham visto.

O tempo lhes mostraria que bastava mais do que uma confissão, porque o poder, se não for manejado com humildade, acaba trazendo à tona o que há de pior no ser humano e um pastorado faz muitos acreditarem que têm o poder. Mas não vamos nos precipitar, vamos continuar com o início desta nova etapa.

Como mencionei no capítulo anterior, continuamos a crescer e tivemos que derrubar muros para expandir a congregação, a ponto de ainda termos que usar o terreno da oficina. Nesse momento os alarmes dispararam, porque a oficina dava segurança de abastecimento e quando meu pai nos reuniu para nos avisar que iam tomar a decisão de retirar a oficina para ampliar a igreja, houve preocupação entre todos.

Nosso pai acrescentou que provavelmente nosso estilo de vida ao qual estávamos acostumados também mudaria porque provavelmente não teríamos mais uma renda tão grande como a que tínhamos com a oficina, pois dependeríamos dos dízimos e ofertas das pessoas.

No final aceitamos a decisão com preocupação, mas caso tenha havido uma certa emoção porque me pareceu interessante ver como meus pais funcionariam como pastores depois de repetir durante anos que se tivessem que ser pastores não fariam os mesmos erros e abusos que viram outros cometerem.

CAPÍTULO 9

Deus explode o balão, de Alias Martin García.

A igreja cresceu e eu também, lembro que quando começamos naquela que era minha pequena sala de inglês minha mãe liderava o culto e eu ainda não tinha conseguido a ficha grande da igreja e minha mãe um dia me pediu para cantar algumas músicas e minha resposta foi: Como, se eu não ensaiei? Ao que ela respondeu: "Você deve estar sempre preparado." Aí saiu minha grande ficha de igreja e eu entendi tudo, nem é preciso dizer, que me serve bem até hoje.

Algum tempo depois tive um dos maiores aprendizados que poderia ter, pois com o passar do tempo me tornei um "Atirador Seguro". Por mais frio e apático que fosse um lugar, se você queria que a presença de Deus se manifestasse no lugar, vá ao Alias Martin García para adorar e pronto. O que ele fez foi pegar o microfone e já a presença de Deus se manifestou no local. Aí tive uma experiência maravilhosa de liberdade onde no meio da adoração o espírito santo me levou a cantar louvores com poder e agora aquele tímido que só sabia cantar louvores passou a agora também cantar louvores, ele já era um adorador eficaz e completo .

Masooo, mas ser um tiro seguro começou a me tornar arrogante, eu já sabia que ninguém mexia como eu e fiquei muito inflado e em certo momento o tiro seguro não era mais um tiro seguro, mas para o meu bem Deus fez o dele presença longe de mim e o grande problema é que eu conhecia a presença dela desde criança e me viciei nela e não tê-la foi a minha morte.

Nos meus anos de igreja eu tinha visto muitas pessoas cantando e o que importava para elas era que as músicas saíssem bem e para elas já era um sucesso. Mas eu não era assim, estava viciado na presença de Deus e não me bastava que tudo desse certo musicalmente. Aconteceu que eu terminei de liderar um culto e todos me parabenizaram, mas eu abaixava a cabeça de vergonha porque sabia que a presença dele não havia se manifestado e não levantaria a cabeça até sair da igreja, eu também sentia envergonhado.

Eles não me entenderam, quando me viram com uma cara triste mesmo quando tudo tinha corrido bem para mim e mesmo quando todos me parabenizaram, ficaram desconcertados.

Chorei dia e noite implorando a Deus que me devolvesse o que eu tinha, mas nada! Passei de amar quando vi meu nome na lista dos que deveriam liderar os cultos a rezar para que ele não aparecesse.

Passei 6 meses amargos nisso, quando quis jogar a toalha o inesperado aconteceu. Numa terça-feira vi na lista que tinha que dirigir no domingo e disse para mim mesmo: "Aqui vou ficar com vergonha de novo". Tive meus ensaios com a mesma tristeza dos outros meses, mas Deus havia preparado a restituição, e no domingo, quando peguei o microfone, senti aquela mesma eletricidade, aquele mesmo clima que quando estava na última fila do coral e sua presença fez com que ele levantasse a voz e toda a igreja ficaria repleta de sua presença, o que ele sentia quando era um atirador certeiro.

De repente, senti o mesmo novamente, mas não era o mesmo. Sim, mais tarde cometi outros erros como adorador, mas a arrogância nunca mais foi um deles. Entendi que não tenho nada, não sou nada, não tenho voz, não tenho carisma, não tenho nada, não tenho nada que possa fazer com que ele se manifeste, posso manipulá-lo, não é porque ele sou eu, é porque ele é ele.

É apenas a sua graça e é uma grande honra que ele me mostre quando alguém o adora. Conheci gente que manipula emoções, conheci gente que só gosta de fazer show, não poderia ser nada disso, e não queria, o que eu queria era ele. A partir daquele momento nunca mais comecei a elogiar como alguém supérfluo, mas sim como alguém que não tinha nada e era totalmente dependente.

Desde então, todas as vezes que me perguntaram o que é preciso para ser um adorador, minha resposta sempre foi: "Um coração contrito e humilhado, tu, Senhor, não desprezarás" Salmos 51:17

Certa vez um jovem me perguntou o que era preciso para ser um adorador e quando respondi com aquele versículo ele não ficou satisfeito porque esperava uma conversa mais longa onde eu lhe contaria mil coisas, mas a verdade é que aquele versículo diz tudo. Paguei um preço muito alto para descobri-lo, mas foi necessário.

CAPÍTULO 10
Continuamos Palante.

43

Ao longo desse processo, meu pai ainda era reconhecido como um homem de Deus. Ele já foi reconhecido na cidade por seu talento como evangelista e pela forma como Deus o usou para libertar os endemoninhados. Sempre me lembro de histórias de que havia pessoas possuídas por demônios em seus quartos e meu pai ainda tinha meio quarteirão para ir até onde estava a pessoa possuída por demônios e a pessoa gritou "Não, ele não!"

Hoje penso que isso foi até uma estratégia do diabo para aumentar o ego do meu pai, o que mais tarde causaria grandes danos a ele e a toda a família.

Bom, meu pai não era mais reconhecido apenas na cidade, mas já era convidado para pregar nas igrejas do ministério ao qual pertencíamos, era amado por muitos e idolatrado pelo pessoal da igreja, obviamente ser idolatrado não era nada ... bem, e junto com pregações de honra ao homem de Deus, de lealdade e de que se dissessem alguma coisa sobre o homem de Deus ou o contradissessem, mil maldições cairiam sobre ele, a obediência quase absoluta estava garantida.

Embora tudo isso afetasse a família e todos os membros da família, quem mais sofreu com a arrogância de meu pai fui eu. Meu pai era o pastor, ele tinha poder sobre todos, inclusive eu que não era um de seus entes queridos. O desprezo dele por mim era tão grande que um dia tive que pedir aos meus tios que me contassem a verdade e que, se eu fosse realmente filho dele, eles confirmaram seriamente.

dela. A resposta dele foi sim, que meu pai tinha uma certa "coisa" por mim.

Obviamente, disse a mim mesmo que estava lhe dando motivos para isso, pois lembrei que meus outros dois irmãos deixaram a escola para trabalhar na oficina e quando lhe disse que meu desejo era estudar para ele, foi uma decepção além de que não compartilhei questões culturais da família como era para jurar.

eles. Mas desde criança acredito que os cristãos deveriam ser diferentes até na maneira como falamos.

Considerei tudo isso para lhe dar motivos para me odiar. Por sua vez, minha mãe sempre foi minha defesa até certo ponto.

Meu pai usou seu poder como pastor para me disciplinar sempre que quisesse, por qualquer motivo que quisesse. Sempre me lembro de uma vez em que uma de minhas irmãs comeu algo de um pequeno armazém que tínhamos e me disse: "Tenho certeza que foi você, se você não aceitar que foi você, vou colocá-lo em disciplina".

Para quem não sabe "colocar alguém na disciplina" significa que não pode mais fazer nada na igreja, no meu caso significou que não poderia mais liderar o culto nem fazer nada.

Naquele momento eu respondi que não poderia dizer a ele que tinha estado quando a verdade é que não, a resposta dele foi "Você está disciplinado" e ele me colocou sob disciplina por seis meses.

Em outra ocasião eu e minha irmã estávamos ensaiando com o grupo de dança da igreja e eu falei para uma jovem que ela deveria dançar com mais paixão, essa menina comentou isso com o pastor e mais uma vez ele me disciplinou.

A verdade é que ele usou seu poder como pastor para liberar toda a raiva que sentia de mim. Tudo o que alguém lhe contava sobre mim, ele considerava verdade e me disciplinava.

No processo de pastores de meus pais, sofri mais injustiças do que posso contar. E enquanto tudo isso acontecia, ele continuou a ser amado e idolatrado pelas pessoas da igreja e por todas as igrejas em todas as cidades para onde o convidaram.

Além disso, milagres ocorreram através dele de tal forma que foi impressionante. Lembro-me que várias vezes aconteceu que ele fez coisas horríveis comigo aos domingos antes do início dos cultos e depois do sermão ele pediu às pessoas que viessem orar por elas pela cura e enquanto ele orava e as pessoas gritavam dizendo que eles tivessem sido curados, ele me encararia fixamente. Acho que foi uma das coisas mais diabólicas que vi um ministro fazer naquela época, depois ele mesmo faria coisas piores comigo.

Obviamente não tinha com quem conversar, o que havia eram mil perguntas para Deus sem respostas.

Um dos piores e mais horríveis momentos de que me lembro ocorreu com minha irmã mais velha. Esta minha irmã sempre teve preferência porque ela recebeu oração de Deus durante anos e quando Deus a deu ela gozou de predileção em todas as áreas.

Essa irmã, sem precisar trabalhar, pois estávamos bem financeiramente, pediu aos meus pais que a deixassem trabalhar e meus pais finalmente concordaram, mas quando minha irmã saiu do trabalho ela foi para um clube que era perto de onde ela trabalhava e ela costumava contar a ela meus pais que seus chefes eram ruins, que toda semana eles a obrigavam a fazer horas extras quando na verdade minha irmã estava no clube.

Eu comentei isso com minha mãe, mas contar a ela que era conversar com eles, criticar o ídolo deles, e como todo mundo que critica o ídolo, a conversa não deu certo e discutimos, mas não foi fora disso. -Discussão mundial.

Meu pai não estava em casa naquele horário quando chegou, minha mãe contou a situação para ele e para minha surpresa, meu pai, o pastor, às 12 da noite, me expulsou na rua por discutir e falar sobre seu ídolo. lembre-se que as palavras eram "Prestando Falso Testemunho".

Minha mãe ficava dizendo para ele não me expulsar de casa, mas no final ela deixou que ele fizesse isso.

Eu estava fora de casa às 12 da noite com minhas roupas em duas malas pretas e sem saber para onde ir. No final acabei indo para a casa da família do namorado oficial da minha irmã mais velha, se fosse ela quem tivesse o problema.

Enquanto estava lá perdi meu emprego, então desde que perdi meu emprego decidi não comer, porque não tinha dinheiro para comprar comida. Ao longo de tudo isso, minha mãe perguntava sobre mim de vez em quando, mas era isso.

A certa altura eu não comia há tantos dias que fui até a casa dos meus avós maternos pedir que me deixassem ficar lá e eles concordaram que eu ficasse um pouco. Eu ainda não conseguia arranjar emprego e o meu pai exigia que se eu quisesse voltar tinha que ir pedir-lhes perdão. Eu ficava dizendo para mim mesmo: "Sinto muito, porque não fiz nada de errado?"

Entretanto, diversas vezes encontrei irmãos e líderes da igreja na rua e eles atravessavam na outra calçada, outros da igreja que eu considerava amigos me viram e se afastaram. Isso me destruiu por dentro.

Algum tempo depois eles mesmos me contariam que meu pai lhes disse que se me vissem não falassem comigo porque eu estava possuído por um demônio e que só falando comigo os demônios poderiam atingi-los. É claro que a realidade é que ele não queria que falassem comigo e que eu lhes contasse a minha versão e que acreditassem em mim. Minha cabeça continuava lutando com a ideia de por que Deus estava permitindo tanta injustiça.

No final, minha avó me disse para ir pedir perdão ao meu pai porque eles não podiam mais me manter lá. Acho que nunca esperei que minha avó, minha própria avó, pudesse fazer isso comigo, mas situações anteriores mostraram que a parte forte da minha família não estava me amando.

No meio de tudo isso, eu não entendia como um Deus justo estava permitindo tudo isso e no final tive que fazer isso, fui para casa e pedi perdão aos meus pais, mas meu pai quis me humilhar ainda mais e disse me que eu deveria pedir perdão a ele diante de toda a igreja e para toda a igreja. Respondi que precisava de tempo porque isso não era fácil para mim.

O primeiro dia em que participei de um culto depois disso foi horrível. Todos os olhares acusatórios para mim e os comentários que ouvi foram horríveis e as coisas só melhoraram meses depois. Não consigo esquecer que uma vez estávamos em um culto e o pastor pediu a todos que orassem pelo irmão ao lado deles, bem, aquele que estava ao meu lado a única coisa que ele precisava era dizer "Senhor, tenha piedade deste cachorro sarnento ." que tenho ao meu lado."

Sem dúvida foram momentos horríveis, só ir ao serviço se deparar com os olhares, as acusações, as caras feias e os comentários, já era um imenso ato de bravura.

Num domingo de manhã eu disse ao meu pai que já tinha coragem de pedir perdão diante de toda a igreja. Ele respondeu com uma das expressões mais diabólicas que me lembro: "Isso não é quando você quiser, agora você vai fazer quando eu quiser." Ele me disse isso pouco antes de subir ao altar para pregar.

Em outra ocasião, com uma lâmina Schick recém-adquirida que vinha em uma embalagem vermelha, tirei-a da embalagem e passei nas veias e não cortou e fiquei repetindo para mim mesmo "Mas acabei de comprar".

Já depois da terceira vez que vi coisas surpreendentes acontecerem eu disse para mim mesmo "Deus não quer que eu faça isso, então vou ter que encontrar uma maneira de lidar com isso" infelizmente na busca por "essas maneiras" eu cometi muitos erros, mas também encontrei refúgio no riso e comecei a me lembrar de uma experiência que tive muitas antes, quando minha vida honestamente não era melhor e, voltando do ensino médio de cabeça baixa, ouvi uma voz que me disse "sorria para mim" e rapidamente levantei a cabeça e olhei para todos os lados e não tinha ninguém e naquele momento entendi que era Deus e levantei a cabeça e tentei ser feliz. Mas tudo o que vivi depois me fez esquecer aquela experiência e depois daquelas três tentativas fracassadas de suicídio e lembrando da experiência que tive com Deus quando estava no ensino médio, tentei drenar isso ali.

Quanto à situação familiar, depois de alguns meses tudo explodiu na cara dos meus pais e o ídolo deles ruiu porque tudo ficou conhecido, as aventuras da minha irmã ficaram conhecidas de todos. Como um idiota, esperei que meus pais pedissem desculpas ou pelo menos me justificassem na frente das pessoas, mas isso nunca aconteceu. Essa foi a primeira de muitas vezes que eles me mostraram que não são do tipo que admite seus erros ou pede perdão.

A vida continuou e eu continuei a me tornar o pior inimigo não só do meu pai, mas também da minha mãe. Bom, porque se eu visse algo que eu considerasse que não estava certo biblicamente, eu contaria para eles, eu fazia no quarto dele, deitado na cama, mas contava para ele.

Isso não traz nenhuma lembrança dos primeiros capítulos que eu disse que eram necessários? Bem, sim, eu me tornei o que eles eram quando começaram no evangelho e eles se tornaram aqueles pastores malvados que não gostavam de ser informados quando algo não era bíblico e eles os expulsavam da igreja ou os colocavam sob disciplina. No final, eles fizeram a mesma coisa que disseram que não iriam fazer. Mas mesmo sabendo que eles iriam me odiar, eu contei coisas a eles.

Como uma vez, uma das diretoras de louvor foi infiel ao marido e isso era do conhecimento de todos e minha mãe, que era responsável pelo grupo de louvor, continuava deixando-a liderar os cultos porque não havia outra pessoa no grupo de louvor para liderar os serviços tão bem quanto ela o fez, além disso, como minha mãe me disse na minha cara quando a confrontei com isso: "Eu não a vi fazendo isso, então não vou fazer nada".

E então tudo o que ele viu lhe contou. E que pastor gosta disso? Bom, nenhum mau pastor gosta disso, os pastores adoram quando todos aplaudem o que fazem e eu não era assim.

CAPÍTULO 11
Mulher "X" aparece em cena.

Meu pai continuou me disciplinando para qualquer coisa, mas dessa vez a surpresa viria da minha mãe. Minha mãe, com tudo e com tudo, sempre foi minha defesa diante do meu pai, mas minha mãe tinha um detalhe que o diabo sabia, minha mãe nunca teve amigos, ela sempre teve falta de amor porque não teve pai e a mãe dela sempre teve preferências pelas outras filhas e meu pai não era amante como mencionei nos primeiros capítulos.

Então minha mãe teve uma falta muito grande de carinho e aí aparece uma mulher, na verdade a primeira mulher que veio criar separação entre minha mãe e eu, bom, a verdade é que minha mãe teve problemas com a gente, os filhos dela por causa dela.

Esta mulher está na congregação quase desde que começamos a nos reunir na sala para orar, mas ela nunca interferiu com a família nem nada. Como ela era quase desde o início, meus pais a colocaram como secretária da igreja e depois, sem ter nenhum dom ou habilidade espiritual, a colocaram como líder, depois diácona e hoje acredito que ela seja presbítera.

E digo o que digo a respeito dessa "mulher do meio do culto porque eu não sabia dirigir um culto de oração.

Essa mulher passou a oferecer carinho à minha mãe e a valorizá-la e, como dizemos por aqui, "Ela comprou ela" a tal ponto que minha mãe acreditou cegamente em tudo. Com a aprovação da minha mãe, essa mulher interferiu na família que até ousou nos dar ordens. Ele chegava em casa e dizia: "Por que você não se lavou?" Você começa a varrer!

Lembro-me de uma situação em que uma mulher fez algo comigo e ela veio primeiro e contou para minha mãe. Quando cheguei em casa não disse nada para minha mãe e apenas esperei. Quando minha mãe saiu para me repreender, eu disse a ela " Não vou contar a ela." nada nem para me defender porque você deve saber como eu sou, você me formou, se quiser pergunte ao Espírito Santo" a resposta de minha mãe foi surpreendente e decepcionante; Sua resposta foi "Não preciso perguntar nada ao Espírito Santo porque a mulher "X" já me contou tudo".

Acabei perdendo o respeito pela espiritualidade da minha mãe por causa de coisas assim e como eu disse, só foi a primeira porque viria outra e desbancaria a primeira, mas não completamente, mas essa nova faria ela cometer erros piores . Mas vamos passar um tempo com meu pai e a família em geral.

Enquanto isso meu pai continuava o mesmo e ousava pregar três ou quatro vezes por ano sobre o amor e em cada sermão sobre o amor enquanto ele pregava para cada uma das crianças, saíamos da igreja porque não aguentávamos tanta hipocrisia, mas o povo na igreja ou não perceberam isso ou simplesmente não quiseram perceber. Ainda não entendo se foram muito estúpidos, muito bem manipulados ou os três ao mesmo tempo.

À medida que a igreja crescia e crescia, tínhamos igrejas em duas cidades próximas e todas crescendo. Enquanto meu pai estava se tornando muito hábil em manipulação, engano e hipocrisia. Na primeira edição eu não contei isso, mas me provoca contar nesta 2ª edição.

Bom, a verdade é que estávamos no culto, tinha uma irmã liderando o louvor e estava tudo muito feio, quando a irmã terminou, ele se adiantou e disse: "Se alguém aqui não sentiu a presença de Deus enquanto isso a irmã estava cantando, é porque Ele está morto, porque isso foi maravilhoso" e obviamente a irmã mais nova que liderou o louvor se sentiu muito bem.

Mas em casa tínhamos o costume de que depois que o culto terminasse e chegássemos em casa enquanto almoçávamos íamos compartilhar sobre como tinha sido o culto, e naquele dia depois que meu pai elogiasse aquela menina por ela ter liderado os louvores quando chegássemos em casa ele O que ele fez foi criticá-la, ele disse "Que horrível como aquela mulher liderou os elogios, não sei como as pessoas aguentam ela, além disso ela estava morta".

Embora eu não entendesse como a coisa funcionava, há um tempo atrás eu a elogiava em público e agora a estava destruindo? Então entendi, elogiá-la em público garantia que a mulher o amasse e a primeira ferramenta usada para manipular alguém é bajular.

De minha parte cometi vários erros porque minha vida emocional estava um caos, não entendia nada, sabia que o suicídio não tinha saída, mas não conseguia encontrar uma saída, aquela que considerava o amor da minha vida tinha morrido, comecei a namorar uma garota da igreja, mas ela era idólatra do meu pai, depois de alguns anos acabei ainda amando ela, mas vivendo o que vivia em casa não poderia ficar com alguém que era idólatra do meu pai.

Fiquei divagando, praticamente assediei uma garota, tive problemas com outra. Eu precisava me sentir valorizado porque sentia que Deus, ao permitir tanta injustiça, era um inimigo e não um amigo. Acho que se alguém tivesse me oferecido drogas eu teria experimentado. Há cerca de 5 anos que peço perdão às pessoas que magoei e ainda não terminei.

CAPÍTULO 12

Chega o outro, a mulher "Y"

Se o primeiro trouxesse problemas para a casa, este traria problemas até para a igreja.

Depois de muito tempo de cegueira da minha mãe com a mulher "X" e depois de ter problemas com todos os filhos e com muitas pessoas da igreja, a mulher "X" aproveitou o fato de minha mãe acreditar tudo nela para fazer um pouco desastre na igreja, minha mãe finalmente perdeu a cegueira com aquela mulher "X". Bem, só um pouco.

Mas nos bastidores estava uma mulher que havia chegado à igreja há alguns meses e tinha dois filhos musicais entre 18 e 20 anos. Essa mulher "Y" aos poucos foi conquistando o coração da minha mãe com detalhes, até que ela conquistou completamente e isso significava que não só ela teria preferência, mas que seus filhos também teriam preferência e não só preferência da minha mãe, mas de todo igreja.

Mas esses meninos não dependiam inteiramente da mãe para conquistar as pessoas, eles próprios tinham certas habilidades e logo se tornaram amados por toda a igreja e até pelo meu pai. Tem gente que tem carisma, jeito de falar, de se fazer amar, e tinha isso.

Lembro-me sempre de uma conversa que o mais velho dos dois filhos da mulher "Y" teve com o meu pai em casa onde disse ao meu pai que nunca tinha visto um pastor como ele e que o obedeceria em tudo e que não o faria. fazer qualquer coisa sem comunicá-los. Meu pai entrou na sala onde estávamos todos com o peito estufado, dizendo que aqueles eram os meninos de Deus.

Não sei se mencionei isso antes, mas como qualquer pessoa arrogante e orgulhosa, meu pai adorava bajulação e se você o lisonjeasse o suficiente, poderia fazê-lo comer na sua mão e esses jovens rapidamente detectaram isso e usaram isso para seus vantagem.

Vou contar uma coisa que não contei na primeira edição, mas vou fazer agora que sinto mais liberdade para escrever. Você sabe, quando percebi que meu pai gostava de bajulação e senti a necessidade de ser amada por meu pai, por um tempo, bem, por alguns dias, comecei a tratá-lo com bajulação como ele gostava e pela primeira vez. minha vida me senti amada por ele. Ele começou a me tratar bem até que lhe dei um lugar na igreja.

Mas eu estava tendo um grande problema dentro de mim, e o problema era que eu me sentia SUJO e hipócrita e então começou uma luta interna porque eu queria ser amada pelo meu pai e ao bajulá-lo eu tinha conseguido isso, mas ao mesmo tempo eu não suportava a sensação de me sentir sujo No final fui embora uma noite para tomar uma decisão, e com muita dor e lágrimas decidi parar de tratá-lo do jeito que ele gostava mesmo sabendo que minha vida seria mais uma vez uma vida miserável porque eu teria que voltar ao desprezo, aos maus-tratos e às humilhações que ele costumava me submeter, mas tomei essa decisão porque não aguentava mais me sentir suja. E assim como imaginei aconteceu.

Voltando ao tema dos filhos da mulher "Y" Logo esses meninos já estavam brincando no grupo de louvor, sem ao menos serem muito fiéis a nada nem a nada e sem sequer demonstrarem um grão de espiritualidade.

Os meninos que falavam muito bem colocavam a igreja inteira no bolso e praticamente todo mundo adorava eles, por um tempo fui amigo deles, mas teve uma coisa que o mais velho dos dois me contou que não concordou nem um pouco comigo e ele fez com que eu me separasse do grupo que estava com eles; Este jovem me disse que não precisava orar muito para liderar os cultos na igreja, que bastava dizer as palavras certas na hora certa e você poderia fazer as pessoas chorarem.

Com essa frase eles me revelaram quem realmente eram e logo me mostraram que era verdade porque, com a preferência que meus dois pais tinham por eles, não demorou muito para que eles liderassem os cultos dominicais e sim, apenas como me disseram, simples assim. O mais velho dos dois irmãos fez e funcionou. O cara não precisava de espiritualidade, com manipulação de emoções e uma igreja sem discernimento espiritual ele conseguia fazer as pessoas chorarem. -Qualquer semelhança com grupos cristãos modernos não é mera coincidência-

Naquele momento, foi uma surpresa para mim como esse garoto tinha tanta capacidade de manipular as emoções das pessoas. Hoje em dia é normal que isso aconteça, mas nessa altura nem tanto.

Não encontrei com quem conversar sobre isso, falei o que pensava desses meninos com minha namorada, sim aquela que era idólatra do meu pai e ela me confessou que esse menino, mesmo sabendo que ela era minha namorada, estava cortejando-a, mas como ela era idólatra do meu pai, se meu pai dissesse que eles eram de Deus ela tinha que repetir. Conversei sobre isso com uma amiga do grupo de louvor e parece que ela contou para outras pessoas e depois de alguns dias todas as pessoas estavam zombando de mim porque disseram que eu tinha inveja deles porque tinham mais de Deus do que meu.

Porém, eu os tratava bem porque eles adoravam essas "belezas" e uma vez que eu estava cantando com eles, enquanto cantava, orei a Deus e disse a ele que queria ser como eles, que todos os amavam e ninguém me amava. ...amado. Enquanto eu fazia isso, ouvi uma voz que me disse em voz alta: "Eu não liguei para você por causa disso".

Você leitor pode acreditar ou não, mas estou contando a verdade do que aconteceu, assim como aconteceu comigo. Eu sei que tem gente que não acredita que Deus fala assim, mas foi assim que aconteceu comigo e não vou parar de falar porque tem gente que não acredita nessas coisas.

Depois disso eu continuei com o meu negócio, minha mãe ia mandar tocar um músico que não tinha nem se convertido há dois meses e eu disse a ela que não achava que era a coisa certa a fazer, mas ela colocou enfim. Quem iria contradizer a decisão da "mulher de Deus"? mas considerava meu dever dizer coisas, mesmo quando não prestavam atenção em mim.

de outros.

Aí aconteceu que num domingo era a minha vez de liderar o louvor, e depois que terminei, eu estava muito suado e tinha o hábito de procurar um pano para enxugar o suor e lembrei que tinha um pano que eu gostava em uma salinha que quase ninguém entrava e lá fui eu procurar minha roupa e o que encontrei não foi exatamente minha roupa e sim os dois líderes de jovens tendo relações sexuais enquanto o pastor pregava. Entrei em choque e perdi a fala por duas horas.

Depois que saí do choque contei para minha mãe, e no culto juvenil da semana ela deixou a menina liderar o culto, eu disse a ela que não concordava e ela respondeu que não tinha ninguém que liderasse o culto também como ela.

Enquanto isso a idolatria com os meninos continuava, naquela época eu não era líder de louvor, mas ficava encarregado de ficar encarregado dos ensaios por ordem de minha mãe. Meu pai fez uma reunião na igreja onde colocou o filho mais velho da amiga da minha mãe como líder de louvor enquanto repetia algo como: "este vai fazer o grupo de louvor valer a pena, não como o outro" ou eu.

Tudo começou "bem", fui rebaixado. Essas crianças tinham meus pais tão no controle que até mesmo as regras que meus pais estabeleceram foram quebradas e meus pais preferiram eliminar as regras que eles próprios estabeleceram em vez de lhes contar qualquer coisa.

Minha mãe tinha uma regra que nenhum adorador que não frequentasse os cultos semanais poderia liderar aos domingos, aliás, eles fizeram a regra para mim, eu trabalhava até as 8 da noite e não podia estar em quase nenhum culto da igreja. então eles se certificaram de que ele não poderia liderar nenhum culto. Regra.

Antes de continuar com as outras regras que meus pais eliminaram por causa dessas crianças, acabei de perceber que acima escrevi trabalhando entre aspas e me lembrei de algo muito engraçado que aconteceu, acontece que era dia de ensaio e uma das crianças, o O próprio líder de louvor ligou para meu pai e disse que ele não poderia comparecer porque estava trabalhando. Depois de um tempo, a esposa de um primo chegou em casa e perguntou à minha mãe: "E o líder de louvor não veio ao ensaio?" E minha mãe responde "Não, ele está trabalhando" E a esposa do meu primo responde "uhmmm, eu estava no shopping há pouco e ele estava indo ao cinema com a namorada, mas se ele disse que estava trabalhando, "eu estava trabalhando então."

Minha mãe tinha uma regra de que todos os adoradores deveriam receber discipulado. Eles disseram à minha mãe que não estavam ali para receber o discipulado, mas para ditá-lo. E o que minha mãe fez? Bem, o que seus bebês disseram os tornou discípulos.

Em outra ocasião aconteceu algo bastante triste e cômico. Meus pais colocaram o filho mais novo da mulher "Y" no comando da rádio da igreja, embora eu tenha pedido que me colocassem porque minha irmã mais nova me pediu para largar o emprego porque ela considerava que eu estava explodindo, o que o a verdade era mentira, mas isso é outra história. A verdade é que minha mãe preferiu colocar o filho da amiga em vez de mim.

Depois que esse menino foi colocado no comando do rádio, acontece que de repente as entradas do rádio começam a diminuir. Meu pai não cobrava nada de ninguém, mas todo mundo que tinha um programa na rádio só dava uma oferta, então praticamente todo mundo que queria ter um programa na rádio tinha a oportunidade.

Mas ao mesmo tempo significava que as entradas não eram muitas, mas mesmo assim isso não explicava a queda no rendimento económico da rádio, por isso o meu pai armou uma armadilha para o rapaz e ele caiu no chão! O menino estava roubando! A única alegria que isso me deu é que significava que meu pai não era mais tão cego, mas minha mãe, bem, continue lendo, uhmmm, é melhor você continuar lendo.

Sé que nadie es adivino, pero ¿podrían adivinar la actitud de mi madre? ¿Saben qué dijo? Su respuesta fue "No fue su culpa, es que es un espíritu del diablo que lo ataca"

Antes disso, algo muito interessante já havia acontecido. Como segundo eu tinha um bom relacionamento com o menino que era responsável pela rádio, sem meu pai saber eu entrei na rádio e vi umas coisas estranhas e falei para o jovem "Cuidado com isso, porque as pessoas podem pense "que você está roubando dinheiro do rádio"

Acho que fiz isso num sábado, para minha surpresa no domingo depois do culto minha mãe me chamou para uma reunião e quando vi o menino e a mãe do menino lá, imediatamente minha mãe começou a conversar e disse "Essa reunião é porque você ligou ." para esse menino ladrão" Fiquei atônito, a surpresa foi imensa porque primeiro considerei que apesar de tudo eu tinha uma amizade com aquele menino, mesmo sabendo que eles não eram verdadeiros adoradores e sim showmen, nunca os tratei mal, e ele tinha um carinho especial por ele, principalmente porque acreditava que ele não era tão falso quanto seu irmão.

Depois que reagi de surpresa disse ao menino "Eu te contei o quê? Como eu liguei para você? E então contei à minha mãe e à mãe dele como as coisas tinham acontecido, mas obviamente minha mãe exigiu repetidas vezes que eu tivesse que pedir desculpas ao menino e também à mãe dele, porque era isso que a amiga dela, a mãe do menino, exigia. Na minha cabeça eu repetia para mim mesmo: Será que eu explico isso com maçãs?

Antes de continuar, gostaria que você, que está lendo este livro, parasse um pouco e pensasse: Será que tenho amigos assim? Meu pastor tem amigos assim? O que os cega e os faz cometer injustiças? Lembre-se sempre que a minha ideia com este livro não é tirar a roupa ao sol, se fosse o caso incluiria o meu nome e o nome de cada um. O que aconteceu com minha mãe também pode acontecer com você, seu pastor, sua esposa ou os líderes de sua igreja, inclusive eu, que estou escrevendo este livro. É por isso que é importante ter uma vida emocional onde o diabo e/ou as pessoas não possam tirar vantagem das nossas necessidades emocionais.

Vamos continuar

Aí, enquanto eu morava na cidade onde estou, tive que passar alguns dias na minha cidade, ou seja, na casa dos meus pais e enquanto lá estavam reorganizando a rádio e colocando o novo gerente que substituiria o menino que segundo minha mãe não era ladrão, mas sim que "um demônio o atacava" no meio dessa reestruturação, meu pai teve a percepção de que alguns equipamentos de rádio haviam sido "perdidos", mas não tinha ideia de quais .

Naquele momento aconteceu algo muito interessante, porque meu pai sempre proibiu meu acesso ao rádio, mas quando isso aconteceu eu disse ao meu pai "Por favor, deixe-me ver o rádio porque eu sei o que tinha lá porque doei vários equipamentos". o rosto do meu pai era um verdadeiro poema quando lhe contei isso.

Eu nunca tinha contado isso a ele em minha vida, apenas o marido da minha irmã mais nova e uma outra pessoa sabiam. E para mim foi legal não poder aparecer no rádio. Me senti bem porque me mostrei que estava fazendo isso por Deus e não pelas pessoas.

Lembro que não tinha computador, mas doei um para a rádio e isso me deixou muito feliz, porque não estava dando o que tinha sobrado e fiz isso mesmo estando proibido de entrar. Essas coisas me mostraram que foi por amor a Deus e não para aceitação ou honra dos homens.

Acho que uma das coisas mais heréticas e que me mostrou que minha mãe havia perdido todo o temor a Deus, ocorreu quando, quando íamos começar um ensaio, minha mãe se levantou, nos fez levantar, nos reunimos em círculo e Ele nos disse que Deus havia dito a ele que eu queria roubar seu grupo de louvor.

Fiquei atordoado, olhei para ela e sorri, não respondi nem me defendi. No final do ensaio, um dos diretores de louvor se aproximou de mim e me disse: "Eu sei que isso é mentira porque eu vi e ouvi quando a mulher "Y" estava dizendo isso a ela e agora ela vem e diz que Deus disse a ela. " Eu respondi: "Você vai me contar? Sou eu quem sabe melhor que é mentira."

Depois de tudo isso a idolatria continuou, mas com surpresa, e a surpresa começou porque o menino líder de louvor foi a um concerto cristão e no meio da unção (sarcasmo) teve um filho com uma menina de outra cidade, mas continuou ministrando e servindo como diretor de louvor como se nada tivesse acontecido, mas quando a menina viu que estava grávida, foi procurá-lo e apareceu na igreja. Não presenciei nada disso, quando cheguei em casa do trabalho ouvi falar de uma comoção e perguntei ao filho da mulher "X" (ver capítulo anterior) que muito casualmente perguntou se ele estava me batendo e ele me contou tudo.

A verdade é que queriam fingir que nada tinha acontecido, no final pausaram o menino como diretor de culto, foi surpreendente que minha mãe tenha deixado bem claro que não o haviam afastado, mas que ele estava temporariamente "Em Pausa". " Será que você consegue ver a diferença entre eu ser punido por seis meses por mandar alguém dançar com paixão e esse garoto apenas fazer uma pausa?

E o pior não aconteceu, porque o menino líder de louvor tinha uma namorada, que foi oficialmente presenteada com grande alarde, que obviamente não era a mesma garota com quem o menino líder havia gerado a criança.

Essa menina não sabia de nada sobre o assunto e descobriu porque em uma atividade da igreja minha mãe concordou em presentear o filho "do show". para apresentá-la seu filho recém-nascido com outra mulher corre chorando por toda a igreja.

Você quer adivinhar o que minha mãe disse? O que, aliás, meus ouvidos ouviram e ninguém mais me contou. Não, não acho que eles vão adivinhar isso daqui a cem mil anos. Minha mãe disse "Ela é ridícula, como se fosse uma santa." E ela disse que a namorada do líder não era santa porque antes de namorar o líder ela já teve outros namorados. Mas se tivermos um pouco de humanidade e sentimentos, entenderemos as ações dessa garota.

Quanto a mim, através de minha mãe, fui enviado junto com alguns líderes para ajudar nos cultos dominicais em uma das igrejas que tínhamos em uma cidade próxima e com pouca gente.

A verdade é que para mim foi maravilhoso, tirando o facto de já não aguentar mais ouvir a pregação do meu pai, a sua manipulação das pessoas ou a sua ostentação do seu poder de curar. Na igreja que meu pai pastoreava nunca me obrigaram a liderar cultos de oração, algo que sempre sonhei e acho que em 20 anos só falei uma palavra duas vezes e lá naquela cidade na frente de 10 pessoas eu consegui fazer e isso foi maravilhoso, às vezes havia apenas cerca de 5 deles e ainda assim para mim foi maravilhoso.

E adivinha o que aconteceu? Você não quer mais adivinhar? Bem, eles começaram a enviar o líder comigo para ser restaurado. Ainda não entendi bem essa parte, eles o destituíram do cargo de líder, mas poucos dias depois o enviaram comigo para liderar o culto naquela outra cidade. Foi lento, mas não lento, lento na igreja principal, mas não completamente para que não se sentisse mal.

CAPÍTULO 13

Os sinos tocam.

64

Estando em toda essa loucura da vida e procurando uma fuga, conheci online uma mulher que era da liderança da igreja central do nosso país, o ministério apostólico ao qual pertencíamos. Eu já tinha 38 anos naquela época. Essa mulher era altamente respeitada como líder.

Ela me disse que falou com a liderança sênior sobre nós e como ela não morava na mesma cidade onde a igreja estava, a liderança sênior achou que seria maravilhoso porque eles poderiam nos colocar no comando de uma igreja na cidade onde ela estava. vivido.

Fui até a cidade onde ela morava para conhecê-la pessoalmente. As coisas não correram nada bem. Como eu era filho de uma pastora e ela era filha da liderança da igreja central, era uma loucura eu ficar na casa dela, então combinamos com outra irmã para eu ficar na casa dela.

Quando cheguei na cidade minha irmã teve que ser internada com urgência e eu tive que dormir na casa da minha namorada, o que não gostei. Em tudo isso estou omitindo diversas coisas que poderia acrescentar numa terceira edição.

Mas considero que a culpa foi minha porque deveria ter sido mais cauteloso.

Voltei para minha cidade, durante semanas não escrevi mensagens para ela e ela me escrevia diariamente, mas não respondi porque precisava ter certeza, porque sabia que não era uma decisão qualquer que eu tinha na minha frente, mas as coisas não estavam melhorando em casa e eu sempre tive o sonho de servir a Deus e casar com ela me deu uma fuga e eu também poderia servir a Deus.

Deus me deu uma palavra sobre eles em Ezequiel 2:3-10. Mas eu realmente não acreditava que fosse Deus quem me deu essa palavra, porque aquelas pessoas pareciam boas demais para que essa palavra fosse sobre elas. Algum tempo depois eu me arrependeria de não ter aceitado aquela palavra como vinda de Deus e me preparado melhor para a música que teria que dançar.

Oficializamos nosso namoro com nossos pais e com a liderança sênior do ministério, ela foi conhecer meus pais e marcamos uma data para o casamento. Alguns irmãos da igreja me garantiram que quando eu chegasse naquela cidade me arrumariam um emprego, então já estava tudo planejado.

Naquela última semana na minha cidade acho que orei mais do que em qualquer momento da minha vida, tive muito medo.

Larguei meu emprego e fui embora. A mais nova das minhas irmãs me acompanhou, foi algo simples, só nos casamos no civil.

Minha irmã foi embora e eu fiquei lá, numa cidade onde eu não conhecia ninguém e onde ninguém me conhecia e a 7 horas de distância de tudo que eu conhecia.

Fomos até a igreja central conversar com a liderança, eles nos pediram para encontrar um local para montar uma igreja "Semi-virtual" pela qual eles pagariam. A ideia desse tipo de igreja era reunir as pessoas em um local e, por meio de um feixe de vídeo, projetar para elas o culto da igreja matriz que era transmitido pela Internet e nós ficaríamos encarregados disso.

Assumimos a tarefa de procurar aquele local, enquanto saíamos evangelizar aos sábados com o grupo de pessoas que tínhamos aqui mais um grupo de evangelização que eles enviaram da igreja central e aos domingos nos reuníamos em casa e assistíamos ao culto online enquanto encontramos a loja.

Os irmãos que me garantiram que eu teria um emprego logo ao chegar na cidade me ignoraram. Pouco depois, o dinheiro da indenização que me deram no meu antigo emprego acabou.

Morávamos na casa da minha sogra e a mulher ficou bastante exigente com o que queria comer, então tivemos que nos endividar para que minha sogra pudesse comer o que quisesse.

De repente, não tínhamos nada nem ninguém a quem pedir emprestado. Começamos a passar fome, às vezes comíamos só uma vez por dia, outras vezes almoçamos, pedíamos permissão a um vizinho para entrar no quintal dele e comíamos das mangas que estavam no chão porque não tínhamos permissão para cortar mangas.

Por sua vez, minha sogra conseguia comer, mas fazia a própria comida separadamente e não nos dava nada, e nem dava comida para minha esposa, que era filha dela.

Ministerialmente as coisas também estavam ficando estranhas. Não conseguimos encontrar um local para montar a igreja semi-virtual, então a igreja central não podia nos dar nenhum salário e a maioria dos irmãos que se reuniam conosco eram bastante pobres.

quis dizer"

Aí quando alguns começaram a ficar chateados porque perceberam que eu os estava tratando como idiotas, as coisas ficaram mais difíceis para mim, meu problema é que eu sabia que a outra parte do grupo era bastante idólatra e se eles dissessem que o pastor a quem eles idolatrado havia cometido um erro. Eles iriam me odiar. Então eu estava andando por um terreno muito perigoso.

Ao mesmo tempo que eu lutava com isso dentro de mim, ocorreu uma transformação porque eles tinham um horário de oração nas tardes que haviam parado e quando cheguei consideraram que deveriam retomar, mas eu dividi para mim. Nesse momento de oração foi realizado um micro culto onde foi apresentada uma palavra, houve um micro horário de adoração e depois houve um momento de oração.

Para mim isso foi demais, porque meus pais nunca acharam agradável que eu liderasse cultos de oração e apenas duas vezes em 20 anos eles me pediram para dar uma palavra. A única prática que tive em ambas as coisas foi nos três ou quatro meses que durou quando fui enviado para aquela pequena congregação dependente da igreja que meu pai pastoreava.

Lembro que a pressão era tanta que um dia liguei para minha mãe e, chorando à vontade, repeti: "Por que, por que vocês não me colocaram? Agora não sei o que fazer". lembre-se que minha mãe fez todo o possível para Ele me acalmar e me disse que Deus iria me ajudar.

Quanto aos domingos, continuei a ter a mesma luta, com os dois grupos, chegou uma altura em que as heresias eram tão grandes que me foi exigida uma posição clara e comecei a dizer-lhes a verdade, a dizer-lhes quando o pastor estava pregar uma heresia e explicar-lhes biblicamente qual era a verdade.

Obviamente comecei a ter problemas com o grupo de idólatras. E aí tive mais problemas com todos em geral porque comecei a notar que toda vez que eles iam orar em grupo tiravam os sapatos, perguntei e eles me explicaram que antes de eu chegar, quando eles se reuniam para orar, Deus havia lhes dito que eles estavam "descalços" e que toda vez que iam orar tiravam os sapatos.

Da melhor maneira que pude, expliquei-lhes que não tinha dúvidas de que Deus havia falado com eles, mas que tinha certeza de que Deus não estava se referindo a eles tirarem os sapatos toda vez que iam orar, mas que era algo mais interno.

A explicação não foi muito bem aceita e alguns disseram "Enquanto ele ainda estiver lá não voltarei a visitar aquela casa." Para minha esposa foi horrível primeiro porque a maioria deles eram da família dela e ela é muito idólatra com sua família e tinha a outra parte que era econômico, pois já estávamos morrendo de fome e de vez em quando um deles nos trazia alguma coisa para comer e quanto menos gente houvesse, menor a probabilidade de nos trazer alguma coisa. Nos so relacionamiento que nunca foi bom agora estava piorando.

Passei de ser odiado por apenas uma parte para ser odiado pela maioria por tocar seu ídolo com os pés descalços e para piorar eu ia piorar ainda mais as coisas e percebi que quando eles oravam, se as crianças falassem alguma coisa, eles foram tomadas como se fosse o próprio Deus falando. Você consegue adivinhar por quê? Exato! Pela mesma razão que você está pensando, nos momentos de oração que eles tiveram antes de eu chegar, Deus lhes deu uma palavra e disse-lhes que iria usar muito as crianças.

Para piorar a situação, eles tinham uma pessoa que estava convulsionando e enquanto ele estava convulsionando em delírio ele dizia coisas e eles também tomavam essas coisas como se fosse o próprio

Deus falando. Na verdade, eles tinham uma pessoa a quem chamavam de escriba que era encarregado de escrever em um caderno especialmente desenhado e dedicar tudo o que tanto as crianças quanto a pessoa que estava tendo a convulsão diziam. Foi interessante que enquanto as crianças falavam transversalmente ou a pessoa falava no delírio depois de ter uma convulsão, a pessoa encarregada de anotar tudo repetia sem parar "Deus continue falando, seus servos podem ouvir. "

Foi demais para mim e eu disse a eles: "Não, meus queridos, não é assim, não duvido que Deus também tenha falado com vocês sobre aquelas crianças, mas tudo deve ser filtrado pela Bíblia e eu não deveria aceita tudo o que as crianças de 7 anos dizem. num suposto transe como se fosse o próprio Deus falando e ainda mais quando essas crianças nem oram em casa."

Além disso, acrescentei: "você deve sempre testar os espíritos e não aceitar tudo rapidamente como se fosse de Deus".

Dale, outros que foram embora porque era uma heresia para mim dizer que eles tinham que testar os espíritos e submeter cada palavra à Bíblia. Mais problemas com minha esposa, mais problemas com as pessoas e nada iria melhorar.

Começamos a ter problemas de internet e às vezes não conseguíamos ver os sermões e isso, embora por um lado fosse bom para mim porque não precisava mais tentar desculpar a indesculpável das heresias que o pastor pregava, mas por outro por outro lado, minha esposa me disse Ele disse que eu tinha que dar uma palavra a eles e isso era outro nível para mim e para cada domingo eu tinha que ter um sermão preparado caso a internet caísse. Se eu ligasse para minha mãe chorando porque não sabia como ia conseguir falar uma palavrinha de segunda a sexta, agora que também tinha que preparar uma palavra para os domingos isso me arrepiava os cabelos.

Enquanto o pastor da igreja matriz continuava pregando heresias e eu não sabia mais o que fazer, para piorar surgiram alguns escândalos com aquele pastor, ele apareceu na televisão negando, mas minha esposa que estava lá desde o início daquela A igreja tinha alguns conhecidos na igreja e de uma fonte confiável pudemos saber que, embora o pastor negasse tudo, era tudo verdade.

No meio dessa bagunça toda, minha esposa começou a fazer uma guerra direta comigo porque com tudo que eu fiz que deixou a família dela chateada e ela sendo tão idólatra com a família dela, eu a levei ao extremo e ela e uma tia dela que ainda não sei que tinha ido, declararam guerra oficial e direta contra mim.

Quanto ao ministério ao qual pertencíamos, no final o que estava acontecendo era horrível demais, e o apóstolo do ministério mundial não fez nada. Como disse há alguns capítulos, aquele apóstolo era muito acessível, então entrei em contato com ele através do Facebook, tive conversas muito legais com ele, aliás, várias publicações que coloquei no Facebook foram revisadas por ele antes de serem publicadas.

fez.

Algum tempo depois minha esposa me disse que tínhamos que deixar o mistério, eu respondi que tinha que rezar primeiro, a verdade é que estava com muito medo porque isso implicava que depois de dias de oração e jejum no final sairíamos do ministério.

Quando comunicamos a nossa decisão aos que permaneceram, o ódio contra mim aumentou porque pensaram que a decisão de deixar o ministério, outros saíram e restaram apenas 8 pessoas, incluindo eu e a minha esposa.

O sonho que me fez sacrificar tudo para servir a Deus estava começando a desmoronar. Bem, não foi muito, deixando algo muito horrível para algo ainda mais horrível.

No meio disso, de vez em quando minha mãe pagava minha viagem para casa e de lá voltava com alguma comida.

Vários meses se passaram desde a última vez que estive lá e comecei a perceber coisas em meu espírito que não me agradavam. E eu disse à minha esposa: "Sei que estamos passando por muita necessidade, mas oro a Deus para que minha mãe não me chame para ir porque o espírito santo não me deixa sozinho com algumas coisas que devo lhe contar".

Três meses se passaram e eu ainda estava com aquela ansiedade e minha irmã mais nova me ligou dizendo para eu ir passar uns dias em casa, então comecei a dar todo tipo de desculpas, mas minha esposa me disse "você sabe que não' não tenho nada para comer." e toda vez que você vai lá, eles te dão sacos de comida." E eu repeti: "mas as coisas não parecem boas, Deus está me fazendo dizer a eles coisas que eu sei que eles não querem ouvir."

O que o espírito santo estava colocando em meu coração para dizer-lhes era que deveriam deixar o ministério e que haviam se humilhado demais diante desse ministério."

No final minha esposa me convenceu, foi a viagem mais estressante do mundo porque comecei a brigar com Deus, comecei a dizer a ele que por favor não, por que ele não mandou outra pessoa, que se eu dissesse que eles ficariam chateados comigo e eles não, iriam me dar sacos de comida como sempre.

Pois bem, cheguei na minha linda cidade, praticamente não dormi discutindo as mesmas coisas com Deus. Depois de brigar tanto com Deus para não fazer isso, tive que fazer o mesmo e da pior maneira, porque a ideia era contar aos meus pais o que Deus me mandou contar a eles enquanto nós três estávamos trancados no quarto, mas não, a manhã começou tensa e pela primeira vez na minha vida, pelo que me lembro, gritei com meu pai e minha mãe em público, mandei minha mãe calar a boca e disse ao meu pai "Você baixou as calças na frente de (Nome do Pastor)"

O que se seguiu foi horrível, minha irmã mais nova exigiu que eu saísse de casa e visse como eu estava porque ela não ia me dar dinheiro para sair porque não ia aceitar que gritassem com a mãe. Imagino que ela quis dizer "ter outra pessoa gritando com ela" porque ela se cansou de fazer isso repetidamente durante toda a vida. Mas vamos continuar.

Comecei a me comunicar com vários amigos no Facebook e nada, só um me emprestou um pouco de dinheiro, depois minha esposa pediu mais um pouco emprestado e finalmente um irmão de sã doutrina que eu mal conhecia me emprestou o que faltava, que por sinal por mim é um marco porque nunca mais vi alguém de sã doutrina doando algo, antes alguém me disse em uma página do Facebook que quem disse que aquela página do Facebook era para arrecadar dinheiro era apenas para discutir a sã doutrina. Em todos os anos que estive estudando a reforma e as pessoas de sã doutrina, o único que não se comportou como um idiota foi aquele jovem.

Voltemos à história. Juntei o dinheiro, devolvi, mas já não era só porque não tínhamos comida, mas agora tínhamos três dívidas para pagar.

Para mim a moral de tudo é que se eu tivesse decidido desde o início obedecer a Deus o que aconteceu não teria acontecido.

Essa não foi a primeira vez que Deus me deu palavras para meus pais, mas eu lhes dei muitas palavras por telefone e em nenhum caso eles obedeceram, mesmo quando cada palavra foi cumprida exatamente como eu disse. A certa altura eles tiveram que deixar o ministério e Deus me preocupou em dizer-lhes para reservarem um tempo antes de ingressar em outro ministério e me fez entender sobre um em particular que eles não deveriam ingressar. Contei para minha mãe assim como Deus colocou em meu coração, a verdade é que, fora essa situação, nunca contei ao meu pai as coisas que Deus me mostrou. Bom, eu falei para minha mãe, falei para ela por favor tirar um tempo e não me envolver com o ministério "X" e ela respondeu: "Claro que não, saindo de um não vamos entrar em outro." -A senhora é uma mentiroso-

Para minha surpresa, alguns dias depois eu estava no Facebook e olhei algumas fotos do culto de domingo que um irmãozinho postou, tinham até o logo do ministério, não duraram nem um ano. Então em dois anos eles deixaram um ministério, entraram em outro e foram embora. Você tem que entender que muitos pastores são manipulados dizendo-lhes que se eles não se juntarem a um ministério grande, suas igrejas não prosperarão e meus pais tiveram esse problema.

Em outra ocasião, sentimos um grande fardo sobre uma pessoa que meu pai iria colocar como pastor em uma das igrejas de uma cidade próxima e liguei para minha mãe e disse a ela em nome de Deus para, por favor, dizer ao meu pai para não colocar como pastor para essa pessoa. Minha mãe me contou que ele praticamente já havia decidido colocar, mas que havia entrado em jejum de alguns dias.

Ao conversar com minha irmã mais nova pude entender que como várias pessoas não concordavam com a nomeação daquele homem como pastor, ele havia feito jejum para ficar quieto e no final iria nomeá-lo de qualquer maneira com a desculpa que Deus Ele mostrou. Ele fez assim mesmo, no final do jejum, disse que já havia decidido e nomeado aquele homem como pastor.

Depois de um tempo, o homem virou a congregação contra meu pai e permaneceu na igreja.

Quero repetir dizendo que espero que o leitor entenda que a minha ideia com este livro não é expor minhas roupas ao sol ou humilhar alguém ou me vingar de tudo que me fizeram, porque se esse fosse o meu desejo eu escreveria mais mil coisas, como todas as vezes. que no meio das reuniões da igreja ele me humilhava e eu acabava chorando no meu quarto ou quando eu estava com o grupo de louvor e ele ficava no meio só para me humilhar e Deus é minha testemunha de que estou escrevendo apenas um quarto de tudo que vivi para que a mensagem que quero transmitir seja compreendida e os pastores e líderes possam ser mais espirituais e menos emocionais e até mesmo a igreja possa ajudar seus pastores.

Outra coisa que gostaria que as pessoas aprendessem com este livro é que às vezes o rebanho é muito responsável pelo quão arrogante seu pastor pode se tornar.

Lembro-me de ter tido muitos problemas com meu pai porque ele ficou chateado quando eu o chamei de pai. Automaticamente, ele respondeu: "É por isso que você não é abençoado, quando você me reconhece como um pastor, como um homem de Deus, sua vida mudará." Obviamente fiquei com uma cara de pôquer. Ele adorava ser chamado e às vezes até exigia ser chamado de "O Homem de Deus" e "O Anjo da Igreja" - o que ninguém dizia que não era.

Ele adorou a adulação. No último sermão que ouvi dele pessoalmente, ele disse "Para ser abençoado você deve se prostrar diante do homem de Deus" -Droga!-

E a igreja, para ele não ficar chateado, brincou junto, fizeram peças e fizeram ele sair com asas de anjo. Entendemos que o pastor deve ser honrado, mas devemos entender também que cada um tem que lutar com o seu ego e as pessoas que são muito usadas por Deus devem ter muito cuidado com isso.

A certa altura meu pai se acreditava todo-poderoso e intocável porque fazia o mal e a injustiça a todos e continuava sendo usado por Deus, então, ao invés de tomar isso como paciência de Deus, ele se via como intocável e eu considero que a igreja tinha parte da culpa por isso.

Outra coisa importante, como disse uma vez Paul Washer: "Existem igrejas cuja vontade de Deus é que elas passem a vida inteira com 100 pessoas porque Deus sabe que se crescerem mais podem ser prejudicadas".

O coração do homem é enganoso, como exemplo posso te dar que 99% das coisas que meus pais disseram que não fariam se Deus os chamasse para o pastorado, eles fizeram e sei que o sonho de todo pastor é ter uma igreja grande porque fala bem dele como pastor, mas às vezes muita gente, muito aplauso, muito "não tem homem como você nesta cidade" machuca as pessoas.

Evidentemente, meu pai, além de não ter aprendido a controlar seu ego, foi prejudicado por uma igreja que em vez de ajudá-lo quis acompanhá-lo e então, como você leu, já exigia que as pessoas se prostrassem diante dele se quisessem. ser abençoado.

Voltando à história da igreja, como para a igreja em geral, o grupo de louvor se tornou um desastre, lembro que uma das vezes que fui para casa, chegaram duas sobrinhas minhas que minha mãe havia criado e de quem eu era muito próximo .bom relacionamento, eles se encontraram comigo e me disseram que o grupo de louvor virou uma guerra de pequenos grupos e que o menino líder virou um desastre e aí eu vejo minha mãe, que sabia de toda essa situação, só preocupada com a cor da toga eles usavam para usar as pessoas do coral do grupo de louvor, foi nesse exato momento que entendi que minha mãe havia perdido toda a espiritualidade pela qual eu tanto a valorizava.

Em outra viagem descobri que um dos homens que fazia parte do coral já havia tido relações sexuais com diversas irmãzinhas da igreja e a resposta do meu pai a isso foi "Coitado do menino, ele está há anos sem mulher e um homem tem suas necessidades." "E pelo que me contaram, ele insistiu para que o deixassem no coral.

Nota aos meus amados líderes que possam ler isto: "Quando um pastor defende esse tipo de coisa, fiquem preocupados porque é muito provável que ele esteja fazendo a mesma coisa, e no caso do meu pai ele estava".

Quanto a mim, certa vez, quando acabava de chegar a esta cidade, o apóstolo do ministério ao qual pertencíamos, teve uma reunião matinal no Facebook e começou a mencionar uma série de pessoas das quais eu nunca tinha ouvido falar antes: " Charles Finney, Jonathan Edwards, Charles Spurgeon, John Wesley, Wilkerson, Huss, Luther..." ele começou a falar sobre alguns desses "generais" e eu queria saber quem eles eram.

Aproveitando que eu não tinha memprego, bom, eu não tinha emprego, o trabalho estava indo longe demais, bom, aproveitando que eu não tinha emprego, comecei a ler e ler e lendo, por um lado um livro, por outro a Bíblia, depois a guerra que minha esposa e sua tia me fizeram, me fizeram estudar ainda mais a Bíblia, bom, não há motivação maior para me preparar do que a oposição.

Aí o que eu lia entrava em conflito com todo o evangelho que eu havia aprendido, aí eu tive a necessidade urgente de aprender o que era o evangelho porque os pastores do ministério ao qual eu pertencia garantiam que o verdadeiro evangelho era uma coisa, aí eu tinha livros de os homens de Deus de antes e era outra coisa, então li um livro de Paul Washer e ele me confrontou com tudo que eu achava que sabia desde criança, depois li os 4 evangelhos repetidas vezes e analisei Jesus, seu caráter, seus ensinamentos, seu evangelho, então li repetidas vezes. Uma vez as cartas de Paulo, depois li todo o Novo Testamento repetidas vezes e acabei em uma encruzilhada, "ou fiquei com tudo o que sabia desde que era criança ou aceitei o que estava aprendendo diretamente da Bíblia."

Num determinado momento eu estava diante de Deus e lhe disse: "Não tenho problemas, vamos lá, me ensine do zero, aqui estou como se não soubesse nada da Bíblia, como se fosse um recém-convertido, estou me esvaziando dos mil sermões, do que eu acreditava ser o evangelho, que era mais baseado na pregação do homem e resolvi obedecer a tua palavra. Me senti livre, me senti vulnerável também porque a verdade é que uma vida inteira no evangelho dá uma certa segurança, mas eu sabia que o que havia decidido era a coisa certa a fazer.

Naquele momento também percebi que nunca tinha sido um verdadeiro cristão. Escrevi para meus amigos no Facebook pedindo perdão por não ter dado a eles um exemplo de verdadeiro cristão e comecei com meu novo nascimento.

Queria compartilhar minha alegria com minha mãe, mas ela me ignorou como um cachorro. Poucos meses depois de chegar nesta cidade, fiquei sem telefone e lembro o quanto fiquei emocionado, pedi um telefone emprestado para compartilhar com minha mãe tudo o que estava aprendendo e eles me emprestaram um daqueles telefones de antes. eles chamam de "gallito" e eu estava escrevendo para minha mãe carta por carta ENDEREÇOS URL de vídeos de Wilkerson, Ravenhill e um momento de outras pessoas além de endereços URL para ler os livros e vários ensinamentos sobre oração de Charles Spurgeon para que você entenda como terrivelmente difícil e cansativo, recomendo. Deixe-os tentar.

Cerca de dois meses depois tive que ir até minha família e cheguei todo animado perguntando a ele sobre cada vídeo e cada livro e percebi que ele não apenas me ignorou, mas que não se importava em admitir que estava interessado no que ele achei interessante, enviei com muita emoção e sofrimento.

Algum tempo depois percebi que em determinado momento ela caiu em um mal que todo cristão pode cair e principalmente se estiver no evangelho há anos e principalmente se for ou tiver sido pastor. tudo que "eu deveria saber e ninguém pode me ensinar nada." E se alguém quer ensinar alguma coisa eles fazem cara de quem está cheirando um peido horrível e agem com tanta sobriedade!

Quanto à minha mãe, uma vez foi algo como: "Você quer me ensinar sobre oração quando eu te ensinei a orar?"

Várias vezes depois continuei tentando, mas nada! e a última vez que fui para casa há 6 meses, pude ver as consequências desse mal que pode acontecer com todos nós "Era dezembro, vários irmãos e algumas sobrinhas se reuniram para jantar e ela fez uma oração e ouvir foi uma benção para mim. Uma das coisas mais tristes, fazia uns 2 anos que não a ouvia orar e naquele dia percebi sua oração como se fosse pão velho. Minha mãe, a pessoa que me ensinou a rezar, aquela que me incutiu em mim a busca por Deus, tornou-se "Água Estagnada"

Infelizmente não foi a única tristeza para mim, pois no dia seguinte era o culto dominical, notei com dor que o grupo de louvor havia sido abandonado, aquele grupo pelo qual tanto lutei, pelo qual chorei tanto, mas que o final Meus pais preferiram deixar a cargo dos filhos da amiga da minha mãe, que o deixaram em ruínas e foram embora, e tinha um diretor de culto que parecia um narrador de notícias acompanhado de uma garota que só reconheci como modelo do Instagram., e com isso quero dizer o fato de ele passar quase todos os dias postando fotos suas na referida rede social.

Enquanto aconteciam os elogios, uma das líderes, a mulher "X", gritou por trás para tentar animar a situação. E só me vieram à mente lembranças dos bons momentos, e enquanto eu chorava, fotos que tenho no meu computador dos tempos em que a glória de Deus me comoveu em meio ao louvor e eu repetia para mim mesmo "Se eles tivessem ouvido, se eles tivessem ouvido"

E me veio à mente o seguinte texto que uma vez escrevi no Facebook sobre o grupo de louvor que tanto amava há alguns anos, quando já vi o estrago que estavam causando ao meu querido grupo de louvor, esses jovens que minha mãe idolatrava:

"MINHA VINHA: Eu tinha uma vinha, antes não era minha, mas amei-a como ninguém a amou e talvez como ninguém a amará, cuidei dela desde a sua fundação, lutei para mantê-la saudável e forte, dia e noite gastei minhas forças para deixá-lo forte, saudável e bonito, tentei espantar os cachorros que só queriam suas folhas e frutos.

Mesmo quando os tratadores da vinha me espancaram e me arrastaram para fora da vinha, continuei a amá-la sem reservas. Os caseiros colocaram outras pessoas com conhecimento de vinha para cuidar da vinha, mas sem amor e de longe tentei cuidar dela até que um dia os caseiros me excluíram completamente, no final tive que ir para longe.

Os caseiros esqueceram que a beleza não se dá a uma vinha pelo conhecimento que se tem sobre a vinha, mas pelo amor que se tem pela vinha. Hoje ouço que a minha vinha está doente, não há raízes fortes nas suas plantas, as folhas estão caindo, os cães abalaram a minha querida vinha, já não há luz na vinha que eu amava e o meu coração está a transbordar, o a vinha que eu amava já não tem luz, os que foram encarregados fizeram da minha vinha algo de horror, já não há orvalho do céu na minha vinha e o sussurro do céu não se ouve no meio dela, apenas restos de como era lindo.

O que será da minha querida vinha, aquela que amei de toda a alma? Só posso pedir ao Deus do céu que tenha misericórdia da minha vinha, a vinha que amo de toda a alma...Sábado, 11 de julho de 2015 às 13h28 UTC-04h30"

Depois do "louvor" onde o narrador da notícia, quer dizer, o diretor do louvor só precisava dar a previsão do tempo, veio a pregação. Minha mãe pregou, porque meu pai supostamente renunciou ao pastorado após vários escândalos que não quero detalhar, mas aos quais já me referi antes.

Um sermão, como você, um pastor ou líder que está lendo isso, nunca deveria pregar em sua vida, um sermão como ela uma vez disse que nunca pregaria, um sermão onde ela passou uma hora e meia do sermão jogando "ódio" e acrescentou 8 ou dez frases espirituais.

Meu apelo, quando estiver quase na hora de finalizar essas lembranças, é que você pastor, você líder, tome para si e no rebanho de Deus as correções necessárias para que o mesmo não aconteça em sua vida de pastor e em sua vida. congregação e não pensar que isso não pode acontecer com você porque a verdade é que pode acontecer com qualquer um. Meus pais não são piores que você, o que aconteceu com minha mãe não aconteceu com ela porque ela era menos sábia que você, a verdade é que a certa altura ela foi muito sábia e a certa altura confiou na sua própria sabedoria.

Não pensem que o que aconteceu com meus pais foi por falta de espiritualidade, meus pais eram muito espirituais e confiavam nisso. Na verdade, até hoje não conheço uma igreja que ore e jejue tanto como na igreja dos meus pais, porém, eles são muito lamacentos e minha mãe é um poço de água estagnada.

Um dos problemas foi que eles ficaram confiantes no quanto oravam, mas não morreram. Eu nunca na minha vida vi meus pais pedirem perdão a alguém, há vários meses eu a confrontei e ela disse: "Eu pedi perdão a Deus". , querido pastor, querido líder. Continuo orando por meus pais para que Deus quebre seus corações e sonho em ver a igreja restaurada. Talvez nessa época eu escreva outro livro sobre como Deus pode restaurar quando as pessoas estão verdadeiramente quebradas e não apenas choram e depois continuam com a mesma vida.

Em relação à minha vida e ao "ministério", depois de conhecer 5 pessoas, veio um grande ensinamento para mim. Com tudo que aprendi, queria que aqueles 5 não fossem o tipo de maus cristãos que eu era, e queria treiná-los como verdadeiros cristãos, mas acabei aprendendo que não se pode transformar alguém em algo que ele deseja. ser.

Entendi que queriam ser novos cristãos, mas vivendo o mesmo cristianismo de sempre.

Várias vezes minha irmã mais nova me pediu para voltar para minha cidade, porque lá seria mais fácil para mim conseguir um emprego e não precisaria mais, mas mesmo estando com fome e passando pela guerra e pela humilhação e maus tratos que minha esposa fez comigo, eu respondi várias vezes para minha irmã "Por esses poucos que me sobraram"

No final eles também foram embora e eu fiquei sozinho e alguém me contou que confrontou um deles e disse "Você é muito ingrato com aquele homem e depois que ele passou por tanta necessidade de você" essa pessoa nos contou que a resposta que recebeu foi "Não pedimos a ele para fazer todo aquele sacrifício por nós"

Vim para esta cidade querendo servir a Deus, no processo descobri que nem era cristão, que nem conhecia o verdadeiro evangelho e finalmente que as pessoas não vão mudar se não quiserem mudar.

Ainda estou necessitado, ainda estou orando por minha família e ainda estou orando pelo que Deus pode fazer comigo e realmente me sinto como George Whitefield remando aquele barco, esperando pelo milagre de Deus.

CAPÍTULO 14
Palavras Finais.

81

Em primeiro lugar, peço desculpas às pessoas que leram a primeira edição e encontraram tantos erros. Foi muito doloroso para mim escrever este livro de memórias, ou melhor, resumo de memórias, e só fiz uma revisão pessoal como uma visão panorâmica da versão anterior e depois passei por um revisor online e me senti confiante que eu ia consertar tudo, mas não foi assim.

Neste momento, como me sinto melhor emocionalmente, posso fazer uma resenha quase completa do livro, só perdi o capítulo 13, que espero que tenha o menor número de erros. E rogo a Deus que em geral nesta segunda edição haja pouquíssimos erros que o leitor encontre. E como retribuição após este capítulo acrescentei anexos fotográficos para dar credibilidade às verdades que conto neste livro e que também serão acrescentadas à versão do audiolivro que estou "cozinhando" já que minha ideia é que este livro esteja em todas as versões e linguagens possíveis para evitar que outros sofram o sofrimento que passei.

Espero que estas memórias possam servir de advertência e de ensinamento a cada pastor e líder sobre como se comportar e como conduzir o rebanho pelo qual um dia terão que prestar contas perante o príncipe dos pastores.

Eu sei de cor todas as manipulações que os pastores fazem para que você tenha obediência cega a eles, mas meu amado, meu amado, se você ama o seu pastor e ama a si mesmo, a pior coisa que você pode fazer é obedecer cegamente a ele. Eles não podiam me manipular pessoalmente, dizendo-me que se eu não me prostrasse diante do homem de Deus, algo ruim iria acontecer comigo porque minha vida sempre foi horrível, mas há pessoas que têm medo disso e eu acredite que o diabo contribui fazendo coisas acontecerem com você quando você duvida de algo que "O Homem de Deus" fez ou disse, então você começa a acreditar que essas maldições são verdadeiras.

Nunca pretendi com o que escrevo que você desrespeite seu pastor, o ame, o respeite e lhe dê a honra que ele merece, mas por favor tome cuidado com essa linha tênue entre honra e idolatria.

Por favor, ore pelo seu pastor, mas da maneira correta, não ore apenas por ele pedindo bênção ou para que Deus retire todos que estão contra ele, em muitos casos quem está contra ele é ele mesmo.

E se você que leu esse livro é esposa de pastor, por favor tome cuidado com suas carências emocionais, veja o que aconteceu com minha mãe e até mesmo com os erros que eu mesma cometi por necessidade de carinho. Minha mãe nunca tinha recebido o carinho que a mulher "X" demonstrou para ela, muito menos a mulher "Y" e vejam tudo que causou isso.

Você sabe, esposa da senhora Pastor, no meio de nós, filhos, sem entender como meu pai fez tantas coisas ruins para nós, filhos, e "Deus" continuou a usá-lo, a resposta que minha mãe nos deu foi "Às vezes é preciso pagar um preço." pela ligação de outro" Ou seja, pagamos o preço da ligação dele suportando maus tratos. Não faça isso, esposa da Sra. Pastor. Em outro momento minha mãe disse que no final os filhos vão embora e o marido fica, por isso ela se dedicou mais a apoiá-lo do que a nos defender dos seus maus tratos. Hoje foi ele quem partiu.

Penso que este livro não é útil apenas para pastores, esposas de pastores e líderes, mas para qualquer membro da igreja. Hoje, enquanto fazia a verificação ortográfica, lembrei-me de como meu pai ensinou à igreja que, mesmo que o vissem fazendo algo ruim, não poderiam dizer nada a ele, porque era ele quem iria prestar contas a Deus e aos meus meu pai uma vez me disse na cara que era assim que eu. Se eu visse que algo que ele fez estava errado, eu tinha que dizer que estava certo porque ele era o pastor.

Ouvi todo tipo de pregação sobre as supostas maldições que chegam às pessoas por falarem do homem de Deus e normalmente as pessoas têm tanto medo disso que a congregação acaba virando uma seita. Amados, devemos compreender que tudo isso é manipulação.

Conheço pessoas que ainda têm medo de falar sobre coisas horríveis que viram seus pastores fazerem por medo de maldições. Não quis descrever neste livro todas as formas de manipulação que vi minha mãe, meu pai e outros pastores praticarem por causa da minha preocupação de que este livro fosse visto como uma forma de atacar pessoas ou ministérios, e já estou pensando que tentar não pensar em mim de maneira errada pode ser omitir coisas importantes. Se eu chegar a essa conclusão, quando este livro for publicado, comprometo-me a escrever outro livro descrevendo todos os tipos de manipulação que essas pessoas usam.

Compreendamos também que este tipo de pastores parece muito humilde e sincero, mas a verdade é que são enganadores e manipuladores.

Há tanto para aprender neste livro que, se você vê-lo com os olhos e os corações para quem o escrevi, poderá obter muitos benefícios com ele e meu apelo é que assim seja.

Quero repetir mais uma vez que não, não tenho nada contra meus pais. Com este livro não pretendo prejudicá-lo, mas ajudar a noiva de Cristo. Rezo todos os dias pelos meus pais, porque sei que na situação em que se encontram, se morrerem ou Cristo vier estarão perdidos. Por isso, às vezes nem durmo à noite orando por eles, às vezes levanto de madrugada só para orar pela minha família.

Para finalizar quero recomendar um livro que foi uma benção para entender tudo isso, o livro se chama: "Uma Igreja Emocionalmente Saudável" de Peter Scazzero, neste livro há uma reflexão sobre os motivos pelos quais homens com dons e habilidades que que chamamos de "homens de Deus" têm esqueletos em seus armários e apresentam como os líderes podem evitar que essas coisas aconteçam. Se você não encontrar este livro pode ir à biblioteca: https://librosquevalelapenaleer.blogspot.com/ Garanto que está lá, lembre-se de comprar este livro para apoiar seu escritor e comprar meus outros livros por favor, eu sei eles serão uma bênção para você e também todos os meus livros estão relacionados entre si.

Se este livro foi uma bênção para você, compre-o e entregue-o ao seu pastor, à esposa do pastor ou a um líder que você ama. Talvez não esteja acontecendo com você, mas pode ser uma vacina para que isso nunca aconteça com você, pois se você pegar os ensinamentos que este livro o pretende ensinar, você não imagina quantas vidas você estará ajudando a mudar.

Beijos, sou Alias Martín García.

epbaliasmartingarcia@gmail.com

ANEXOS

Como não sou dado a mentir, gostaria de acrescentar algumas fotos que testam várias coisas que digo no livro.

Os primórdios da Igreja.

Um lembrete para hoje

Construção da Igreja onde ficava a Oficina.

Construção concluída.

Essa foi a foto que um irmão da igreja
publicou poucos dias depois que minha
mãe me disse que eles iriam pensar bem
antes de entrarem em outro ministério
tão rapidamente. Já tinham o logotipo e
o nome do ministério no púlpito.

A foto abaixo significa muito para mim. E tem uma história muito dolorosa que não aparece no e-book nem no audiolivro. A razão pela qual esta foto significa tanto é que quando eu queria estudar depois do ensino médio não havia como e alguns irmãos da igreja se ofereceram para me ajudar mas meu pai começou a fazer guerra contra eles dizendo que estavam apoiando um fraco, em No final, os irmãos cederam à pressão e não continuaram pagando minhas mensalidades escolares. Quando no instituto não permitiram que eu me matriculasse no semestre seguinte por causa das dívidas que tinha lá, chorei como uma criança porque adoro estudar. Sempre digo que se eu tivesse educação já teria umas 100 especializações. O mais triste disso tudo é que meu pai, tendo que me ajudar, não o fez.

11 anos depois, quando consegui concluir meus estudos e me formar, voltei para casa e tirei uma foto dele. Acho que se um dia alguém

se oferecesse para me comprar aquela foto feia e de baixa qualidade, eu diria: "Essa foto não tem preço".

Este é o testemunho da minha tristeza, mas também da

Eu fazendo o que amo.

Eu na cidade onde estou morando com o
grupo que ficou depois que a maioria
deles foi embora.

Se decidíssemos praticar a humildade e nos livrarmos de todo o orgulho e não nos preocuparmos com o que as pessoas poderiam pensar de nós, mas sim com o que Deus poderia pensar de nós, não haveria esqueletos nos armários.

Tirei muitas lições de tudo que descrevi no livro. Uma delas é reconhecer meus pecados e pedir perdão. No momento da publicação deste audiolivro, meus pais ainda brigam para que ninguém descubra seus esqueletos, pois estão preocupados com o que as pessoas vão pensar deles. Isso me lembra muito Saulo, que só se importava com o que as pessoas pensavam dele.

É minha oração que você não seja outro Saulo. Deixe as pessoas pensarem o que pensam, o importante é que estejamos bem com Deus.

Also by Domingo Gonzalez

Una Gloria Diferente
A Different Kind of Glory
Un Tipo de Gloria Diferente - Domingo Gonzalez Jr.
Mi Travesía Descubriendo el Evangelio Verdadero - 2da Edición
Esqueletos no Armário - Memórias do Filho de um Pastor.- 2º. Edição.
Domingo González Jr.
Minha Jornada Descobrindo o Verdadeiro Evangelho - 2º. Edição. -
Domingo Gonzalez Jr.
My Journey Discovering The True Gospel - 2nd Edition - Domingo
González Jr.
Um Tipo Diferente de Glória - Domingo González Jr.